# 턴어라운드

*Turnaround*

인문학 성공 창업 스토리

# 턴어라운드

## TURNAROUND PLATFORM

# 어떤 일을 해야,
# 어떤 곳에서 살아야 행복할 수 있을까?

자신만의 라이프 스타일을 찾고 이에 기반하여 일과 삶을 개척하고자 한다면 이제는 라이프 스타일이 중요하다. 한국 사회는 산업화, 민주화 시대를 넘어 자아실현과 삶의 질을 중시하는 이른바 라이프 스타일 시대에 돌입했다. 라이프 스타일이 소비, 여가, 일상뿐만 아니라 일, 사업, 도시, 공동체 전반에 대해 인식하고 선택하는 중요한 기준으로 부상한 것이다.

더욱이 요즘같이 코로나19 위기는 라이프 스타일 설정에 대한 우리의 욕구를 더욱 증폭시켰다. 일과 직장 중심으로 살면서 잊고 있었던 집, 일상, 거리, 동네의 의미를 새롭게 발견하게 된 것이다. 원거리 이동과 대형 실내 공간 방문이 어려워지면서 우리의 생활권이 실질적으로 집과 동네로 좁혀졌다. 그 때문에 오프라인 소비는 줄고 집 주변에서 소비하는 홈어라운드(Home Around) 지출들이 증가했다. 여유롭게 일상을 즐기고 이웃과 소통하는 것이 삶의 중심으로 들어온 것이다. 여행을 떠나도 여러 지역을 다니는 것보다 한 곳에 머물며 그 동네의 문화를 현지인처럼 즐기는 여행자들이 늘고 있다.

 이러한 변화의 본질은 무엇인가? 누군가는 이를 세대 변화에 따라 나타났다 사라지는 트렌드에 불과하다고 평가하지만, 많은 창업가와 크리에이터는 지금의 변화를 사회와 경제의 근본을 혁신할 수 있는 기회로 삼고 본다. 과연 이러한 변화가 혁신으로 이어질까? 이 질문에 답하기 위해서는 라이프 스타일의 근원을 이해함으로써 그 본질을 생각하고 통찰해 나가야 한다.

 거시적으로 보면, 라이프 스타일 혁신 과정은 전근대 사회의 전통 가치와 근대 사회의 물질주의가 탈산업 사회의 탈물질주의로 이동하는 과정이다. 부르주아가 물질주의를 대표한다면, 보헤미안, 히피, 보보, 힙스터, 노마드는 탈물질주의를 수용해 라이프 스타일을 혁신한 세력이다.

물질주의가 신분, 경쟁, 조직력, 노력을 강조한다면, 탈물질주의는 공통적으로 개성, 다양성, 삶의 질, 사회적 가치를 중시한다.

 가끔 주변에서 퇴직한 누구는 식당 차려서 대박 났다던데, 프랜차이즈 식당하면 편하게 돈 번다던데 등등 자신만의 아이디어를 곁들여 창업을 시작하는 사람들을 많이 보고 듣는다. 그런데 반대로 왜 이렇게 문을 닫는 식당들이 많은 것일까?

 사실 식당으로 성공하는 사람이 타고나는 것이 아니다. 내 식당에 무엇이 부족하고, 무엇이 더 필요한지 끊임없이 공부하고, 노력하는 마음가짐 하나면 창업 성공의 가능성은 누구에게나 활짝 열려 있다. '열심히 공부하라'는 진부한 이야기는 식상한 이야기가 아니며, 정말 치열하게 공부해서 장사에 활용했을 때 그것의 강력한 효과를 눈으로 확인할 수 있다. 공부하는 학구파 식당 사장님들이 어떻게 작은 식당을 대박식당으로, 프랜차이즈로 성장시켰는지에 대한 살아있는 이야기가 여기 담겨 있다.

 알다시피 공부에는 왕도가 없다. 다만 공부를 하다보면 효과가 나타나는 자기 나름대로의 노하우가 생기기 마련이다. 이것은 '식당 공부'도 예외가 아니다. 공부하는 습관이 몸에 배고, 공부를 통해 알게 된 것들을 몸소 실천하면서 내 식당에 꼭 맞는 비법들을 발견하고, 만들 수 있는 '식당 공부의 신(神)'이 되는 것이다. 이 책은 그러한 사실들을 증명하고 있다.

공부로 식당을 성공적으로 이끈 생생한 이야기들은 애써 기억하려 들지 않아도 저절로 머릿속에 남을 것이다. 특히 각 이야기에서 배울 점을 조목조목 짚어주는 팁을 별도로 함께 적으며 머릿속에 기억해 두자.

단순히 이 책에서 성공 노하우(knowhow)를 소개하는 것 같지만 그 보다도 경영 노하우를 통해 장사의 철학이 담긴 노와이(knowwhy)가 얼마나 어떻게 중요한지를 보여준다. 또한 성공 사례뿐만 아니라 실패한 사례도 같이 소개하면서 실패 요인을 분석하고 식당을 할 때 무엇은 하면 안 되는지를 인문서 형식으로 짚어보았다. 중간 중간 팁과 사례를 들면서 너무 앞선 콘셉트는 소비자에게 다가갈 수 없음을 적어두고 싶었다. 메뉴를 개발할 때도 이것이 무엇인지 생각해야 하는 음식은 어렵기 때문에 절대로 소비자들이 좋아하지 않는다. 다시 말해 조금만 앞선 콘셉트를 생각하라는 뜻이다.

마지막에는 여러 과정을 거쳐 탄생한 경쟁력 있고 철학적 사고가 담긴 주인공의 가게를 소개하고 있다. 이 내용은 영화 각본을 짜듯 준비했다. 주요 콘셉트를 정하면 상권을 지나다니는 타깃 고객층을 반복해 떠올렸다. 그리고 그들을 중심으로 메뉴, 보조 메뉴, 인테리어, 그릇, 서빙법, 직원의 복장까지 그려보면서 이 책에 정리했다.

최근 많은 창업서가 개인과 집단 사이에서 필연적으로 발생하는 갈등을 힐링, 치유, 나다움 등의 말로 미화해 봉합하고 있다. 그러나 심리적인 욕심만으로 정체성을 실현하는 것이 가능한지, 나다움이 나의 정체성에만 국한되는지도 창업을 꿈꾸는 사람이라면 스스로 질문해야 한다. 인간은 사회적 동물이므로 본능적으로 나와 비슷한 성향을 가진 친구를 찾는다. 이는 나다움을 찾아가는 여정이 연대와 커뮤니티에 관한 포기를 의미하지 않는다는 뜻이기도 하다.

기술 발전에 기반한 라이프 스타일 경제의 발전은 이제 개인에게 반드시 물질을 선택하지 않아도 1인 기업, 프리랜서, 크리에이터로서 예술, 창조성, 공동체, 이동성을 자신의 중심 가치로 선택할 수 있는 경제적 여유를 허용한다. 위기시대의 식당 사장님들의 어려움을 조금이라도 덜어주고 싶은 마음에 수익 증가를 통해 성공하는 식당들을 만들었던 내 강의 자료들을 이번에 책으로 엮었다. 난 순수 외식 경영 전문가는 아니다.

그러나 지난 12년 동안 외식창업 관련 데이터 기록, 분석을 통해 매출 증가, 원가 관리, 수익 증가를 달성한 대가들의 자료들을 많이 확보했었고 그 내용을 바탕으로 수많은 식당 사장님을 위해서 데이터 경영 강의와 컨설팅을 통해 수익 증가를 낼 수 있도록 도와주었다.

이 책의 목적 역시도 간단하다. 매출, 비용, 수익 그리고 가게에 정리된 숫자들 사이의 의미를 이해하여 매출 계획을 세우고 비용을 절감하여 결국 수익이 증가할 수 있도록 돕고 싶었다. 이 모든 것을 매일 15분 독서하는 투자만으로 가능하도록 최적화시키기 위해 최선을 다했다. 어려운 회계 용어나 통계 용어가 아닌 형식은 참고하되 식당 현장에서 사용하는 용어 그대로 소설처럼 재미있게 정리해 인문학적으로 표현하려고 노력했다. 통계와 회계에 대해 전혀 모르는 사람들도 읽기 쉽도록 어렵거나 이해가 안되는 단어들을 최대한 현장의 언어로 바꿨다. 거대한 기업에서 사용하는 개념들을 모두 덜어내고, '매출, 비용, 수익'이라는 간단한 구조에서 중요 부분만을 남기고, 내용에서 가게 운영과 메뉴 분석을 더 각색해 구체화시켰다.

여전히 나는 신문은 안 봐도 요리책은 보고 있다. 또 맛있는 음식점만 찾아다니며 아침에는 점심을, 점심에는 저녁 메뉴를 걱정한다. 새로운 메뉴나 콘셉트가 떠오르면 끊임없이 메모하고, 늘 식당과 음식에 대해서만 생각하며, 하루에도 수십 개의 식당을 머릿속에서 만들었다가 허문다. 결국 나는 이 책을 통해 내가 직접 조사하고 경험하면서 알게 된 내용을 토대로 창업을 시작하고 유지할 때 적용할 수 있는 인문학 창업 스토리를 소개하고자 했다.

# 차 례

# 2장.  망하게 두고만 볼 것인가

# 3장. 턴어라운드

# 4장.  지속 가능한 경영을 위아여

# 1장

자영업자의 세계

*Huxley*

인생의 위대한 목표는
지식이 아니라 행동이다

_ 헉슬리

지나치게 숙고하는
인간은 성공하지 못한다


_실러

Friedrich chiller

# 1.

# 회사 밖에서 꿈을 찾는 사람들

부캐, N잡러, 투잡족... 부업의 시대가 다가왔다. 평생직장이라는 개념이 희미해지고 직장인들은 직장을 뼈 묻을 곳이라 생각하지 않는다. 경기는 계속해서 안 좋아지고 젊은 사람들은 직장에서 일을 하면서도 그 이후의 삶을 대비하기 위해 부지런히 움직인다. 코로나19로 줄어든 임금, 높아져만 가는 부동산 가격 등 경제적인 원인뿐 아니라 자아실현 욕구가 높은 현대인들이 워라밸, 여가생활로써도 부업을 이용한다. 이처럼 자신이 목표하는 것을 선택하고 추진하는데 멀티잡이든 이직이든 거침이 없는 젊은 사람들은 회사 밖으로 계속해서 시선을 돌린다. 그 시선의 끝에 희망이 털끝이라도 보인다면 아예 회사 밖으로 나가는 '퇴사'도 어렵지 않은 결정이 된다.

퇴사를 가장 고민하게 되는 기간은 입사 1년도 안 되어 온다. 씨뻘건 불합격의 홍수 속에서 구원의 합격 소식을 전해준 첫 회사. 그 곳에서 내 인생이 새로이 시작될 것만 같다. 하지만 막상 어려운 취업난을 뚫고 입사한 회사에서는 직무나 근무조건 등 내 맘에 차지 않는 것들만 보인다. 체력도 안 따라줄 뿐더러 쳇바퀴 도는 하루 시간표에서 '내 비전 찾기' 항목을 추가할 빈칸이 보이지 않는다. 그렇게 입사 1년도 되지 않은 신입사원들의 조기퇴사가 빈번하게 나타난다. 그 사람들의 퇴사 이유는 여러 가지가 있지만 가장 큰 이유는 이 회사는 아니라는 판단이 들면 바로 다른 곳을 찾아 떠나는 결단력이다.

## 연차별 퇴사율

1위.  1년 차 이하 ------------------- 49%

2위.  2년 차 ---------------------- 20.9%

3위.  3년 차--------------------- 13.4%

4위.  5년 차 이상------------------11.7%

5위.  4년 차--------------------- 5%

출처_ 사람인 '퇴사자 현황과 변화'

두 번째로 큰 비율을 차지하는 퇴사의 이유는 내가 상상했던 업무와 실제 업무 간의 간극에서 오는 혼란스러움이다. 실제로 취준생들이 자신이 지원하는 업무, 직무에 대해 충분한 고민와 공부를 하는지 염려스럽다. 취업컨설팅을 위해 전문가를 찾는 취준생들 중 대다수의 학생들이 일단은 자신의 역량과 상관없이 쉬워 보이는 직무 또는 경쟁력이 낮은 직무만을 우선시하며 실제 그 업무에서 하는 일이 무엇인지에 대한 사전조사가 하나도 안 되어 있다. 입사를 하고 나서야 깨닫게 되는 경우가 많고 그제야 자신의 성격, 역량에 맞는 일을 찾아 회사 밖으로 나가는 것을 선택한다.

## 1년간 평균 퇴사율

1위. 10%미만 --------------- 32.3%

2위. 10~20% --------------- 24.5%

3위. 20~30% --------------- 15.2%

4위. 한명도 없다 ------------- 11.7%

5위. 30~40% --------------- 11.4%

출처_ 사람인 '퇴사자 현황과 변화'

## 회사를 그만 두는 이유(복수응답)

1위.  다른 회사로의 이직 ------------ 41.7%

2위.  업무 불만 -------------------- 31.2%

3위.  낮은 연봉 -------------------- 24.3%

4위.  상사와의 갈등 ---------------- 13.1%

5위.  복리후생 부족 ---------------- 12.2%

6위.  잦은 야근 등 워라밸을 지키기 어려워서

--------------------------- 12.1%

7위.  기업 문화 부적응 ------------- 10.5%

출처_ 사람인 '퇴사자 현황과 변화'

ep.1

정훈의 이야기

"진심이야?"

한여름의 햇빛이 그대로 내리쬐는 옥상에서 두 남자가 나란히 서서

담배를 피우고 있다.

"음. 그렇게 결정했어. 이미 부장님께 보고 드렸고, 인사팀 면담도 잡혔다."

왼쪽에 서있는 남자가 손에 들고 있던 담배를 비벼 끄며 대답했다.

오른쪽 남자는 황당하다는 듯 상대방을 바라보며

"야, 아무리 그래도 지금 이렇게 그만두면, 앞으로 너 뭐 먹고 살려고?"

추궁하듯 묻는다.

"준비는 어느 정도 해뒀어.

여기 인도 프로젝트는 끝내고 가려고 하다보니 한여름이 됐네."


인도 프로젝트는 인도 뉴델리 중심부와 외곽을 잇는

인도 정부 주도의 신규 도로 건설 프로젝트다.

이 건을 수주하느라 한 달 가까이 인도에 체류했었는데,

아무래도 책임감이랄까 애착이 있어

이것만은 내 손으로 마무리하고 회사를 떠나고 싶었다.


"준비를 해뒀다고?"

오른쪽 남자가 반문한다.

"준비를 해뒀다고? 내색도 없이? 나한테 한마디 얘기도 없이?"

남자가 짐짓 서운한 듯 목소리를 높인다.

"야! 우리가 입사동기로 벌써 13년째 얼굴을 맞대고 있는데,

 나한테 한마디 상의가 없었다고? 혼자 딴 주머니를 찼다고? 이 나쁜 놈아?"

들고 있던 담배를 내동댕이친다.

왼쪽 남자는 혀를 쯧쯧 차며 땅에 버려진 상대방의 담배를 주워들어

쓰레기통에 버리며 말한다.

"아 그건 미안하게 생각해.

 그런데 괜히 얘기해서 분위기 망치고 싶진 않았어.

 한창 너무 바쁜 와중에도 단합이 좋았잖냐. 우리팀."

오른쪽 남자는 하늘을 한 번, 땅을 한 번 바라보고는 한숨을 쉬며 말한다.

"후-. 그래 뭐 네 결정이니 내가 뭐랄 건 아니지. 근데 왜?

 갑자기는 아닌 것 같고. 작년 승진 누락 때문에?

 야! 그건 김 부장님이 먼저 가시는 게 맞지.

 그리고 이번이 우리 기수 차례라니깐. 그걸 가지고..."

"그건 아니야."

왼쪽 남자가 단호하게 대답한다.

"아니, 일부분은 맞나?"

왼쪽 남자가 고개를 갸웃하며 말을 이어나간다.

"뭐. 나도 모르는 그런 이유가 복합적으로 포함됐을 수도 있는데,

그냥 뭐 좀 회의감이 들었달까. 어차피 우리가 김 부장님 연차가 되도

모양이 다르지 않을 테니.

후배들 눈치보고, 치고올라오는 후배를 정치를 하든 협박을 하든

어떻게든 밀어내야 내가 생존하는. 뭐 그런 치열한 세계."

"뭔 소리야, 뭘 이제 와서 새삼 감상적으로 굴어?"

"더 늦기 전에, 아직 의지도 있고 힘도 있고 그럴 때

내 사업을 한번 해보고 싶어."

왼쪽 남자가 짐짓 의지를 담아 말한다.

"사업? 무슨 사업? 부품 하나 받아서 자회사 차려 나가려고?"

"ㅋㅋ 야 어느 회사가 나 같은 차장 나부랭이한테 하청을 내주냐?"

왼쪽 남자가 자조 섞인 웃음을 지으며 말했다.


"식당을 한번 해보려고 해."


왼쪽 남자의 이름은 김정훈.

굴지의 대기업 입사 13년 차. 해외영업 3팀 차장이다.

굵직굵직한 해외개발 수주계약을 척척 따오는 능력자이고

회사에서도 제법 인정받고 있으나

정작 본인은 뭔가에 계속 목마른 듯 회사 밖을 동경하며

뛰쳐나갈 궁리를 하고 있다.

그리고 그 결심을 오늘, 회사에도 동기에게도 통보했다.


"식당?"

"어."

"야, 장사는 아무나 하냐? 너 같이 점잖은 놈이

그 치사스러운 장사를 어떻게 하려고."

오른쪽 남자는 정인규.

정훈의 입사동기이다. 고등학교 때 축구 청소년 국가대표였을 만큼

스포츠를 좋아하고 활동적이다. 그래서 그런지 영업이 천직이다.

얼마 전 첫아이가 태어나 지금은 육아에 푹 빠져 정신없이 지내고 있다.


"그리고 너가 요리를 한다고? 그 요리를 팔아서 돈을 받겠다고?

자본은 있어?"

인규가 손을 절레절레 흔든다. 말도 안된다는 제스쳐다.

"나 지금 저녁 때 요리학원 다니고 있어. 한 반년 됐다."

"아니~ 그 요리라는 게 한 반년 배워서 되느냐고. 이 답답한 양반아."

"왜 이러셔. 나 취사병 출신인 거 잊었어? 내가 1개 사단을 먹여 살렸다고."

정훈은 질 수 없다는 듯 대답했다.

"그리고 뭐 식당 시작할 정도로는 모아뒀어. 그거로 일단 시작해보려고."

"진짜야? 진짜 퇴사해서 식당을 하겠다고?"

인규가 재차 다짐받듯 묻는다.

"음. 지금이 아니면 평생 못할 것 같아. 지금이야."

정훈은 고개를 끄덕이며 짐짓 단호하게 말한다.

"아~~니~~~아~~~왜~~~~~ 지 밥그릇을 지 발로 걷어 차냐고~!!!!!!"

인규는 마치 뮤지컬을 하듯이 하늘을 향해 소리를 빽빽 질렀다.


자, 이제 화살은 쏘아 올려졌다.

이제는 망설임 없이 창업의 길로 들어서는 것뿐.

# 2.

# 내 가게를 찾아서

mbc 무한도전에 출연했던 한 일반인은 조선시대 상황극에 맞춰 당신의 계급이 뭐냐는 물음에 노예라고 대답했다. 그 이유는 직장인이기 때문이다. 노동철학을 연구하는 미국 대학교수 조안 B. 시울라(Joan B. Siula)도 비슷한 말을 했는데, 자신의 저서인 『일의 발견』에서 '고용이란 자유와 기회로 이어지게 될 일시적인 노예 상태를 의미한다.'라고 말했다. 직장인은 직장에서 제공하는 월급에 맞춰 자신의 능력이나 재능을 한정 짓고 그 생활에 만족하는 집단이라 여기는 것이다.

지속적인 월급을 받는 직장인이라도 나이가 들고 성과에 대한 부담이 늘어갈수록 안정적이라 느끼기 어렵다. 고령화가 빠르게 진행되고 기업에선 인건비 부담을 느끼면서 정년퇴직보다 권고사직, 명예퇴직, 정리해고 등을 포함하는 비자발적 조기퇴직이 늘어나고 있으니, 어느 하나 맘 편히 살 수 없는 세상이다.

## 유형별 퇴직자 수 추이 (단위: 명)

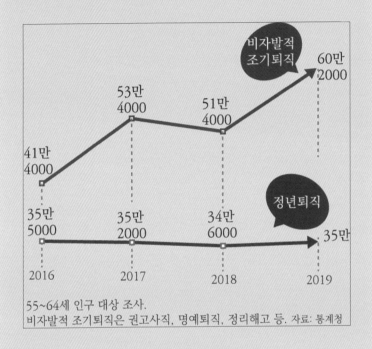

55~64세 인구 대상 조사.
비자발적 조기퇴직은 권고사직, 명예퇴직, 정리해고 등. 자료: 통계청

창업을 하려는 사람들은 하고 싶은 업종이 분명하게 존재하기 때문에 시작하거나 자신이 20대든 30대든 정년퇴직을 한 60대든 연령에 상관없이 준비만 된다면 당장 시작할 수 있다는 점을 주된 이유로 뽑는다. 이렇듯 창업을 준비하는 연령대가 매우 다양하기 때문에 국가에서도 창업자에게 도움을 주기 위한 많은 기관과 지원 사업을 진행한다. 다양한 정보를 무료로 얻어 미리 제대로 알고 시작한다면 실패 위험을 줄일 수 있고 부담도 덜고 시작할 수 있다. 예를 들어, 아이디어를 가진 초기 창업자나 예비창업자들 대부분이 주로 이용하는 '창업넷(www.k-startup.go.kr)'이 있다. 특히 창업온라인교육, 시설공간지원, 멘토링 등 실질적인 도움을 받을 수 있다. 소상공인을 위한 지원은 '소상공인마당(www.sbiz.or.kr)'에서 확인 가능하다. 정부 소상공인 지원시책, 상권정보, 사업정보 등을 제공한다.

## 창업을 하려는 주된 이유

1위. 연령에 구애받지 않아서 --------------- 25.1%

2위. 하고 싶은 업종이 있어서 -------------- 24.9%

3위. 시간을 자유롭게 활용하고 싶어서 ------ 23%

4위. 원하는 일자리에 취업이 어려워서 ------ 16%

5위. 수입이 더 많을 것 같아서 ------------- 10%

6위. 기타 ------------------------------ 1%

출처_ 통계청, 경제활동인구조사

# 그 외의 다른 창업 관련 사이트

## 서울시창업스쿨 www.school.seoul.kr

서울의 '신직업교육허브'라는 이름으로 다양한 교육기관과 연계한 신직업인재양성 및 일자리 창출을 위한 사이트

## 아이디어마루(구 창조경제타운) www.creativekorea.or.kr

창의적인 아이디어와 창업에 도움이 되는 다양한 지식 서비스 제공. 자신의 아이디어를 2천여 명의 전문가가 평가해주는 커뮤니티를 운영하고 가상의 투자 형식으로 아이디어를 평가받을 수 있음

## 창업보육센터네트워크시스템 www.bi.go.kr

기술과 아이디어는 있으나 제반 여건이 취약하여 어려움을 겪는 예비창업자들을 일정 기간 입주시켜 창업에 필요한 종합적인 지원을 통해 기업의 멘토 및 디딤돌 역할

## 비즈인포 www.bizinfo.go.kr

중소벤처기업부에서 제공하는 창업재기사업전환, 금융지원, 기술개발지원 등 도움이 되는 지원 사업의 정보를 확인 가능

ep.2

정훈의 이야기

저녁 9시가 가까워지고 있었다.

인규가 입구로 나오는 걸 확인하고 피우던 담배를 비벼 껐다.

"이제 나오냐? 가자."


을지로3가 근처에 도착했다.

철물점을 지나 분식집이 있는 교차로에서 횡단보도를 건너면 보이는

좁은 입구의 골목이다. 여기 을지로의 좁은 골목은,

어디어디서 유명하다던 가게들만 줄곧 찾아서 들렀다가 돌아가는

뜨내기 손님들에겐 생소한, 나만의 숨은 아지트 같은 곳이다.

특별히 이곳과 인연이 있지 않아도 세월이 느껴지는 허름한(?) 아니,

빈티지한 이곳에 오면 뭔가 가슴 한편에 추억을 저미는 감성에

빠지게 되는데, 서민들 살아가는 보통 모습이 정겨워 보이고,

또 예전에 서울이 막 발전하던 시기에 중심축이 되었던 이 골목의

옛 모습이 우리네 아버지 고향에 온 듯한 정서를 느끼게 하기 때문이다.


골목 안에 들어서 인규에게 이곳저곳을 알려주며 걷던 중

우리 일행의 발걸음을 붙잡은 곳이 있다.

"을지로보너스"

화려한 간판도 없고, 이렇다 할 안내판도 걸어놓지 않은 탓에

자칫 그냥 지나칠 뻔한 가게다.

이 골목에 오면 전혀 가게가 있을 것 같지 않은 위치에

식당이라고는 느껴지지 않는 외관의 가게들을 만나게 된다.


인규와 정훈이 가게 안으로 들어섰다.

우리를 본 마음씨 넉넉하게 생긴 청년이 웃음을 띠며 맞이한다.

두 사람이 앉을 테이블을 말끔히 치운 뒤였다.

손님이 오기 전에 미처 치우지 못했던 게 마음에 걸린 듯

미안한 표정도 섞였다.

실은 조금 전 가게 안으로 들어오면서 빈자리를 찾아

긴 테이블 쪽에 앉으려 하자 잠시만 기다리라던 청년 사장이었다.

무슨 일인가 싶어 기다리는데 테이블 위엔 누군가 앞서

술 한 잔 걸치고 나간 듯 안줏거리와 빈 술잔이 놓여 있었다.

사장은 주방 안에서 팔을 뻗어 서둘러 테이블을 치우더니

정훈과 인규에게 의자를 권했다.


가게 안을 둘러봤다.

나무로 된 테이블은 주방을 ㄷ근자로 감싸고 주방을 바라보며

둘러앉을 수 있게 되어있었다.

이미 가게 안쪽에 남녀 커플 두 명이 있었고

반대편에는 정훈 일행 또래의 다른 젊은 여성이

옆에 커다란 카메라와 간단한 안주를 앞에 두고

주방장 겸 사장으로 보이는 이 남자와 주방을 넘어 대화 중이었던 모양이다.


"옆에 이분은 오늘 여기 처음 와서요, 어떤 메뉴가 좋을지 모르겠습니다."

청년 사장은 고개를 끄덕이며 고심하는 표정이다.

그러더니 퓨전음식이 입맛에는 맞는지,

혹시 원하지 않는 음식이 있다면 물어봐도 되는지 말하며

고기류, 해산물, 생선 등 못 먹는 음식이 있는지 말해달란다.


"저요? 저는 아무거나 다 잘 먹습니다."

인규가 미소 지으며 청년 사장에게 말했다.

"고기 요리나, 파스타 같은 푸짐한 안주로 몇 개만 추천해주세요."

"식사를 하셨나요."

메뉴판을 가리키면서 청년 사장이 꺼낸 질문이었다.

식사를 했으면 생맥주에 어울리는 간단한 안주를 준비하고

식사를 안했으면 속이 든든하도록 고기류 중심으로

안주를 주겠다는 얘기였다.

그러고 보니 당시에 정훈은 가게를 마감하고 인규는 퇴근 후 바로 나온 터라

9시가 좀 넘었지만 둘 다 공복 상태였다.

청년 사장님은 식사를 하지 못했으니

식사 겸 안주로 먹을 만한 메뉴를 달라는 정훈의 이야기에 알았다고 했다.


처음 나온 메뉴는 닭고기였다.

닭가슴살 부위를 겉만 살짝 익히고 안쪽은 덜 익혀서

닭육회 식으로 조리한 메뉴다.

앙증맞은 접시에 두 개로 나눠서 인규와 정훈에게 건넸다.

정훈은 가게 안에서 생맥주를 주문했다.


"어때, 먹을만해?"

"와 이거 뭔데? 닭인데 익히지 않고 먹는다고?"

인규가 젓가락을 들어 한 점을 집더니 입 안에 넣고 우물거렸다.

그리고 가게 사장을 향해 엄지손가락을 치켜세워 보였다.

가게 사장은 인규의 모습을 보며 그제야 안심이라는 듯 웃는다.


"이것도 드셔보세요."

사장이 건넨 두 번째 음식은 소고기볶음이었다.

장조림용 소고기를 살짝 익혀서 야채랑 볶아낸 메뉴였다.

인규는 젓가락을 들어 맛을 보더니

이번에도 사장에게 엄지손가락을 들어 보였다.

역시 인규는 영업맨답게 리액션이 여전히 좋다.


"이건 일본식으로 만들어본 생선회입니다. 어떠실지 모르겠는데 맛보세요."

사장이 세 번째로 건넨 음식은 오징어회와 참치 뱃살

그리고 소스로 찍어먹을 수 있는 초간장이었다.

두 사람은 한 점씩 들어 맛을 봤다.

부드러우면서도 감칠맛 나는 게 독특했다.

이번에도 엄지손가락 감이었다.


"을지로에는 별로 와볼 기회가 없어서 이렇게 맛집이 있을 줄은 몰랐어.

아까 외관을 보고도 긴가민가했었거든.

근데 정말 조용하고 아늑하고 내가 전세낸 것 같고

음식도 맛있고 분위기도 독특하고 진짜 멋지네."

인규가 맛있는 음식에 신났는지 쉴 새 없이 이야기를 늘어놓기 시작했다.

정훈은 인규의 이야기를 듣는 사이사이

사장에게 생맥주 두 잔도 다시 주문하고,

물도 달래고 주위 다른 테이블에 앉은 다른 손님들도 흘깃흘깃 관찰했다.


인규는 자기 이야기를 다 마친 후에

앞에 놓인 생맥주 잔을 들어 건배를 제안했다.

"사장님이랑 우리 같이 건배해요. 반갑습니다!"

가게 사장에게 건배를 제안하자 청년 사장은 익숙하다는 듯

테이블 아래쪽에서 자신의 술잔을 꺼낸다.

아무래도 인규처럼 건배를 하자고 제안하는 사람이 제법 있는 모양이었다.

서글서글한 인상의 가게 사장은 또 사람좋게 허허 웃으며

인규의 건배 제의를 흔쾌히 받아주었다.


"영업은 몇 시까지 하세요?"

"11시까지입니다. 아직 시간 많습니다."

가게 사장이 시계를 가리키며 말했다.

어느새 주위에 있던 남녀 커플이랑

카메라를 갖고 있던 여자 한 명도 돌아간 뒤였다.

가게에는 가게 사장과 정훈 그리고 인규만 있었다.


"여긴 아는 사람이 찾아오겠네.

시내에 흔히 있는 선술집들처럼 안내판이나 메뉴판이 없고.

아까 나도 가게에 들어오고 나서야 여기가 가게란 걸 알았잖아."

인규의 말은 사실이었다.


건물 외벽에는 간판 하나 걸려있지 않다.

딱 오늘의 메뉴를 적어놓은 작은 입간판 한 개.

그것도 아는 사람 눈에만 띌 정도로 성의없이 세워져있다.

여기는 알음알음 입소문이나서 물어물어 찾아오는 가게인 것이다.

소위 말하는 좋은 위치, 1층에서 대로를 향해 있는 매장이 잘된다는 것은

어느 정도 시대가 지난 얘기일 수도 있다.

# 3.

# 월급쟁이는 몰랐던 자영업자의 세계

회사 안에서 정해진 수입을 받아먹던 사람들이 새로운 기회를 만들겠다는 생각 하나로 자영업을 시작하는 경우 생각지도 못한 부분들에서 현실의 가혹함을 느끼곤 한다. 소상공인이 돈을 잘 벌기란 쉬운 일이 아니다. 우선 자영업의 비용 구조는 열악하다. 자영업의 매출액 구성비를 따져보면 2015년의 경우 매출원가가 41.21%, 기타영업비용이 31.0%, 인건비가 9.3%로 나타났다. 2010년과 비교해 보면 인건비, 기타 영업비용의 비중이 증가했고 영업이익의 비중도 5% 줄었다.

# 자영업의 매출액 구성비(%)

| 항목 | 매출원가 | 인건비 | 임차료 | 세금과 공과금 | 감가대 손상각비 | 경상연구 개발비 | 기타 영업비용 | 영업이익 |
|---|---|---|---|---|---|---|---|---|
| 10년 | 42.7 | 7.1 | 4.3 | 0.8 | 0.7 | 0.1 | 26.7 | 17.7 |
| 15년 | 41.2 | 9.3 | 3.7 | 0.8 | 1.4 | 0.1 | 31.0 | 12.5 |

출처_ 통계청, 경제총조사

일반음식점의 경우 인건비 비중이 상대적으로 높아 주 52시간 근무제와 최저임금은 소상공인들의 부담을 더욱 키웠다. 수익을 내기도 어렵다. 알음알음 주변을 통한 비즈니스는 한계가 있고, 유사한 점포와 차별화하는 것도 생각보다 쉽지 않다. 경쟁도 치열하다.

창업은 꿈도 꾸지 말라는 이야기로 들리는가? 겁부터 나는 사람이라면 시작하지 않는 편이 낫다. 무턱대고 창업을 해선 안된다. 남의 돈 버는 일이 어느 하나 쉬운 게 없겠지만 창업을 하기 위해선 철저한 준비가 필요하다.

요식업 창업 절차는 크게 5단계로 나눌 수 있다.

## 요식업 창업 절차

1. 창업자금 계획 수립

2. 메뉴 선정

3. 식자재 공급처 확보

4. 입지, 매장선정 및 계약

5. 행정 절차 - 보건증, 위생교육, 영업신고, 사업자등록 신청

창업의 구성요소 중에 절대로 빠질 수 없는 것이 첫 번째 단계인 창업자금이다. 최근 무자본 창업이라는 개념이 유행처럼 유튜브나 책을 통해 많이 소개되어 사업 아이템만 있으면 무일푼으로 창업이 가능한 것처럼 말하고 있지만 그 아이템을 실현 시키려면 돈이 들어간다. 인풋을 넣지 않았는데 아웃풋이 나올 수 있을까?

창업자금을 충당할 수 있는 방법은 자가투자, 가족투자, 지인투자 등으로 내 스스로 자금을 모으는 방법과 정부지원금을 사용하는 방법, 금융권 대출을 얻는 방법으로 크게 세 가지가 있다.

최근 정부가 창업에 수억의 돈을 투자하여 여러 지자체에서 개최하는 창업경진대회뿐 아니라 예비창업자들에게도 지원금을 많이 투자하고 있다. 그 이유는 청년실업문제를 해결하는데 창업을 통한 일자리 창출이 큰 효력이 있다고 믿기 때문이다. 그러나 이 많은 지원금을 보고 지원하는 사람들은 적게는 수 대 일 많게는 수십 대 일의 지원사업 경쟁률을 뚫어야 하며 창업지원자금 지원의 기준이 되는 창업일 기준 3년 미만을 넘어선 안된다.

정부는 보증지원기관의 지원을 받도록 권장하기도 한다. 대표적 기관인 신용보증기금이나 기술보증기금이 개인을 대신해 금융권에 보증을 서주기 때문이다. 보증기관과 상담, 서류평가, 실사 방문, 최종 보증승인, 대출을 받기까지 최소 한 달 이상은 소요되니 계획을 잘 수립해야 한다.

## 예비 창업자가 반드시 생각해 봐야 할 질문 10가지

1. 왜 창업을 하려고 하는가?

2. 당신의 생활비를 고려했는가?

3. 예상치 못한 일에 융통성 있게 해결할 수 있는가?

4. 회사를 어떤 방법으로 알릴 것인가?

5. 당신이 잘 알고 있는 분야인가?

6. 창업동료들과 핵심역량이 제대로 구분되는가?

7. 성과를 측정할 핵심지표를 이해하고 있는가?

8. 수익은 어떻게 만들어 낼 것인가?

9. 사업의 주요고객층은 누구인가?

10. 불규칙한 생활을 견뎌낼 수 있는가?

# ep.3

# 정훈의 이야기

정훈은 홀에 앉아 맥주를 홀짝이고 있다.

시계는 8시 10분.

아직 식당으로 치면 한창 저녁시간인데 홀이 한산하다.

아니, 손님이 한 테이블도 없다.

손질해 둔 해산물을 어서 냉동실로 옮겨야 할지 아니면

조금 더 기다려 볼지 맥주를 한 모금 넘기며 생각한다.

왜 갑자기 이렇게 손님이 줄었지?

정훈은 의아했다.

혹시 악플이 달렸나. SNS를 샅샅이 뒤져봐도

우리 가게에 대한 악플은 찾을 수가 없었다.

주변에 다른 파스타집이 생겼나 동네를 아무리 돌아다녀보고 검색을 해봐도

이전과 별 다르게 달라진 것은 없다.

맛이 변한건가. 그럴 리가.

고작 2주 문을 닫았다 열었을 뿐인데,

가게를 확장하기 전과 후의 온도차가 너무 심했다.


정훈은 초조했다.

대기 손님까지 다 소화할 요량으로

오픈한 지 일 년도 되지 않았지만 과감하게 확장을 결심했다.

은행에서 대출을 받아 공사비를 충당하고,

인테리어 회사에도 인부를 많이 불러서라도

최대한 공사기간을 줄여달라고 신신당부를 했다.

그렇게 야심차게 가게를 넓혀

네 개의 테이블을 더 놓고 가게를 확장했는데,

아. 손님이 오질 않는다. 이게 어찌된 일일까.


· · · · · · · · · · · · · · · · · · · · ·


"사장님 까르보나라 한 개, 마레 토마토 소스로 한 개 추가 주문입니다."

징~

"사장님, 미트볼 치즈 리조또 한 개요."

징~

주방 안으로 주문서가 들어오는 것과 동시에

아르바이트생의 외침이 연이어 들렸다.

"오케이, 까르보나라 한 개, 마레 토마토 한 개, 미트볼 치즈 리조또 한 개."

정훈은 부지런히 팬 세 개를 세팅한다.

여덟 테이블 남짓.

원목으로 만들어진 테이블에 레이스 천이 씌워진 의자,

붉은 벽돌과 흰색 창틀 등 유럽 어디 시골풍의 인테리어.

벽 선반에는 빈 와인병과 와인잔이 진열되어 있고

익살스러운 주방장 모양의 조그만 장식품들도 한 자리 차지하고 있다.

아기자기한 소품들이 정훈의 파스타 식당의 러블리함을 더해주고 있다.

소개팅하기에 딱 좋을 인테리어.

남자 둘이서는 절.대.로 오지 않을 그런 인테리어 말이다.


정신없이 저녁 장사를 마무리 지었다.

홀의 테이블이 평균 3번 정도 회전을 한다. 주말에는 더 바쁘다.

그래도 처음 오픈 했을 때의 우려를 불식시키듯

제법 손님이 찾아들었고, 입소문이 난 탓인지,

아니면 근처에 파스타집이 없는 덕분인지 오픈 기세를 이어

꽤 장사가 잘되고 있다.

대학가와 젊은이들이 많이 몰리는 지리적 이점 때문일 수도 있다.


정훈의 파스타 가게는 홍대와 합정의 중간, 서교동 부근에 위치하고 있다.

양쪽 역에서의 접근성도 좋고 골목이지만 유동인구가 많아

점심시간엔 주변의 회사원들과 젊은 엄마들이 찾고

저녁에는 커플들이나 여자친구끼리의 손님이 많다.

가장 인기 있는 메뉴는 해산물 마레 파스타. 그리고 고르곤졸라 피자다.

처음엔 혼자서 피자와 파스타까지 다 하려니 정신없었는데

이제 손에 익어 설거지만 하는 주방 보조를 빼고는

정훈 혼자서 주방을 종횡무진 진두지휘하고 있다.


한 번 왔던 손님은 절대로 놓치지 않는 정훈의 영업스킬에

손님이 늘어나더니 이제는 대기 손님까지 생기고 있다.

정훈은 고민에 빠졌다. 가게를 넓혀야 하는가.

마침 옆 가게의 뜨개질 공방이 임대기간 만료로 가게를 비운다고 한다.

이렇게 때가 착착 맞다니. 마치 가게를 어서 확장하라는 무언의 계시 같다.


· · · · · · · · · · · · · · · · · · ·


그때 내가 뭐에 씌었다.

홀린 듯 가게 운영을 2주 간 중단하고 공사를 강행했다.

욕심이었나. 내가 괜한 욕심을 부린 것인가.

그 2주 안에 중국 우한에서 시작한 바이러스가

우리나라에 급속도로 퍼져나가기 시작했다.

별 거 아닐 것 같았던 외국의 한 도시의 일이 나에게 폭풍처럼 몰아쳤다.

정부에서도 집합금지 행정명령을 내렸다.

공연장이나 집합시설이 아니라 직접적인 제재는 없지만

사람들은 급격히 외부활동을 줄이고 바깥에서 식사를 하지 않았다.


'리뉴얼 오픈 기념'과 '손 소독제 완비'라고 대문짝만하게 프린트된

전단지를 돌린 게 벌써 몇 번인가.

전단지를 가져오면 음료수를 서비스로 준다고 해도

이전에 비하면 손님이 반의반으로 줄었다.

테이블은 고작 네 개가 늘어났을 뿐인데

손님은 40% 이하로 뚝 떨어졌다.

아... 뭐가 어디서부터 잘못된 것일까.


정훈은 속이 탔다. 이 전염병은 언제 잡힐 것인가.

테이블이 늘어나면서 홀 서빙 직원을 한 명 더 뽑았다.

그리고 주말에만 주방보조도 한 명 채용했다.

아르바이트 직원이 두 명이나 늘었다.

그리고 매출은 반토막이 나서 오를 줄을 모른다.


지금 서빙하는 아르바이트 직원 중 한 명은 놀고 있다.

소독제로 빈 테이블이라도 닦고, 집기류를 정리하고

손님이 없어도 좀 알아서 부지런히 움직였으면 좋겠건만,

제일 안쪽 테이블에 앉아 휴대폰을 들여다보고 있다.

속에서 열불이 난다.

그치만 언제 올지 모를 손님에 홀 직원 없이 운영할 수도 없는 노릇이다.

# 4.

# 몰락의 길

　창업의 성공과 실패 그 사이의 차이는 무엇일까. 국세청에 따르면 2017년 말 기준 도소매·음식·서비스업(숙박업 포함) 개인사업자는 320만 명으로 전체의 50.5%를 차지하는 것으로 집계됐다. 특히 자영업 창업은 일부 업종으로 집중되는 형태를 보이게 되는데 가령 치킨집, 커피숍이 그 예이다. 커피숍만 3~4개가 나란히 입점되어 있는 거리를 쉽게 볼 수 있다. 이러한 현상에 경쟁이 과열되고 생계 위협까지 반복되고 있다. 더불어 다양한 예약·배달 애플리케이션 등장과 물류 기술의 발전은 자영업 내 경쟁 구도를 더욱 치열하게 만들고 있다. 이러한 경쟁을 버티지 못하고 폐업하는 개인사업자는 매년 80만 명에 달한다. 신규 자영업의 80~90%가 폐업을 하는 것이다.

# 자영업의 업종별 비중(%)

| 연도 | 신규(A) | 폐업(B) | A/B |
|---|---|---|---|
| 2010년 | 988,058 | 805,506 | 1.23 |
| 2011년 | 994,386 | 845,235 | 1.18 |
| 2012년 | 956,409 | 833,195 | 1.15 |
| 2013년 | 926,558 | 805,328 | 1.15 |
| 2014년 | 1,015,619 | 761,328 | 1.33 |
| 2015년 | 1,068,313 | 739,420 | 1.44 |
| 2016년 | 1,100,726 | 839,602 | 1.31 |
| 2017년 | 1,159,802 | 837,714 | 1.38 |

출처_ 통계청, 국세통계

이와 관련해 전문가들은 상권 쇠퇴와 경쟁 과다가 자영업 폐업의 주된 원인이지만 '준비 부족' 역시 폐업의 핵심 원인으로 지목하고 있다. 폐업 전 영업한 기간은 1년 이상 3년 미만이 30.9%로 가장 많았다. 5년 이상 ~10년 미만(25.5%), 3년 이상~5년 미만(21.0%)이 뒤를 이었다.

## 폐업의 이유

1. 상권 쇠퇴와 경쟁 과다 등 주변 환경 악화 (45.6%)

2. 준비 부족 등 개인적 한계(16.7%)

3. 더 좋은 사업 기회 발견(10.6%)

4. 임대료 상승 또는 상가주인의 퇴거 요청(9.9%)

출처_ KB경영연구소

전반적 업황 악화에도 불구하고 자영업자별로 자신의 매장 '경쟁력' 부문에서 상이한 판단을 하고 있다. KB경영연구소 설문 분석에 따르면 전체 응답자 가운데 14.9%만이 주변 동일 업종의 다른 매장에 비해 '경쟁력이 있다'고 답했는데, 음식점(22.3%), 자기 매장(22.6%), 30대(23.3%), 직원 3인 이상(27.7%)인 경우 상대적으로 높게 나타났다. 음식점의 경우 자기 매장의 경쟁력을 높이면 승산이 있다는 이야기이다. 따라서 앞으로 내 가게의 경쟁력과 차별성은 어떻게 키울 것인가 실제 사례를 바탕으로 알아보도록 하자.

ep.4

정훈의 이야기

한 모금 두 모금 마시던 술이 좀 과했나.

영업으로 잔뼈가 굵은 정훈이 맥주 한두 캔에 술이 취할 리 없는데

요즘 바빠서 술 마실 틈도 없던데다

이런저런 걱정에 잠이 좀 부족했던 탓인지 금세 취기가 올라왔다.


"뒷마무리하고 퇴근들 하세요. 오늘도 수고 많았습니다."

정훈이 홀에 있는 아르바이트 직원을 향해 얘기하고 주방 뒤편으로 나갔다.

주방 뒤편에는 옥상으로 향하는 외벽 철제 계단이 있다.

터벅터벅 올라가서는 난간에 툭 걸터 앉는다.

후우-.

밤바람이 시원하다.

결국 8시 10분부터 한 테이블도 더 오지 않았다.

그렇게 멀거니 손님만 기다리다 오늘 저녁장사를 마감한 것이다.

재료도 아깝고 전기도 아깝고 에어컨도 아깝다.

이러면 안되는데 점점 더 사람이 쪼잔해진다.


아. 공사 대금 어쩌지

아. 대출상환금 어쩌지

아. 임대료 어쩌지

아. 식재료 대금 결제해줘야 하는데

아. 아르바이트 월급도 이체해줘야 하는데

아. 내 방 월세, 자동차 보험료, 식당 비품 렌탈비, 부모님 생활비,

보험료, 각종 공과금, 매출은 없는데 돈돈돈돈 나갈 돈 투성이다.


모아뒀던 돈은 개업하면서 임대료, 인테리어 비용,

레시피 비용, 집기류 등등 이미 70% 이상 소진되었고,

장사가 잘되던 시기는 손님은 많았지만 돈을 모을 만한 기간은 아니었다.

그리고 무리하게 확장하는 바람에 은행에 대출 빚을 지게 되었다.

아파트도 팔고 조그만 오피스텔에서 월세살이를 시작했다.

그나마 남은 건 자동차, 식재료 구입을 위해 자동차는 꼭 있어야 했다.

답답하다.

누군가 어깨를 짓누르고 있는 것 같다.

크게 숨을 쉬어도 가슴이 답답하다. 이 상황이 개선이 될까. 막막하다.

전염병이 종식된다고 해도

또 같은 상황이 벌어지지 않으리란 법이 없지 않은가.


옥상 담벼락에 팔꿈치를 대고 아래를 내려다본다.

후우-. 담배를 연거푸 세 개피나 피웠더니

술에 담배에 머리가 어찔하다.


"그렇게 해서 떨어지겠어요?"

응?

"그렇게 해서 떨어지겠냐고요. 엉덩이는 있는 대로 뒤로 쭉 빼고.

높은 데 무서워하는 거 같은데 왜 그렇게 밑에는 쳐다보고 있대요?"

뭐지?

"아니, 내가 아까부터 뒤에서 지켜봤는데요. 옥상 전세 냈어요?

나 그 옆에 빨래 걷어야 되는데, 그쪽이 길을 막고 있는 거 알아요?"

길?

그러고 보니 내가 서있는 옆으로 좁은 틈이 있다.

여기로 빠져나가면 또 공간이 있는 듯했다.

"아, 미안합니다. 길이 있을 거라고는 생각도 못했네."


"1층 파스타집 사장님이시죠?"

응? 거 참 오늘 여러 번 의아스럽다.

"아 네네..뭐."

"거기 얼마 전 공사했죠?"

"아 네네.. 뭐." 계속 이렇게 얼빠진 대답밖에 할 수 없다니.

"그때 마침 제가 시험기간이었는데 어찌나 시끄럽던지.

내가 쫓아가려다 참은 게 한두 번이 아니에요.

근데 사장님이셨구나? 여기서 뭐해요?"

두서가 없다. 지 하고 싶은 말만 한다. 뭐지 이 여자애는.


"아 뭐 딱히.." 똑부러지게 좀 얘기해라 정훈아.

"설마 여기서 뭐 뛰어내린다거나 그런 건 아니죠? 의도는 없어도

실족할 수 있으니 거 담벼락에서 좀 안쪽으로 들어와요.

보는 사람이 불안불안해 죽겠네."

주춤주춤 몇 걸음 담벼락에서 멀어진다.

뭐지? 나 왜 애 말을 듣고 있는 거지?


"우리 집 가는 길에 사장님네 가게를 꼭 지나쳐야 돼서

제가 관심까지는 아니고 유심히 보는데

요즘엔 손님이 많이 없는 것 같더라구요?"

이 무례함은 뭔가.

"아무래도 전염병이 돈다고 하니 사람들이 좀 줄겠지 싶었는데,

거의 파리 날리고 계시던데요? 지금도 한가하니깐 옥상에 와서

술 마시고 있는거 아니에요?"

이걸 계속 듣고 있어야 되나.

"뭐 수고하세요. 이불 잘 걷으시고." 내려가야겠다.


. . . . . . . . . . . . . . . . . . .

가게 유리벽에 '알바구함'이라고 붙여놓았다.

목금토일 아르바이트를 새로 구해야 했다.

홀 담당 아르바이트 직원이 근무 요일을 줄이겠다고 한 탓이다.

정확한 사정 이야기는 하지 않았지만 매일 나오던 것에서

이제는 월화수 3일만 나올 수 있다고 한다.


이렇게 갑작스레 통보하듯 얘기하면 참 당황스럽다.

백업 인력이 대비되어 있는 것도 아니고.

그렇다고 안된다고 할 수도 없고.

여러모로 이런 급작스런 근무변경 요청은 적지 않은 충격을 준다.


또 누굴 뽑나.

면접에, 채용 결정에, 다시 교육에... 어려운 일은 아니지만

그래도 에너지가 제법 쓰인다.


"실례합니다. 아르바이트 구하시나요?"


아. 옥상에 있던 그 여자애다.

단발머리에 군데군데 희끗하게 탈색한.

그리고 독설아닌 독설을 내뱉던 그 여자애 말이다.

# 2장

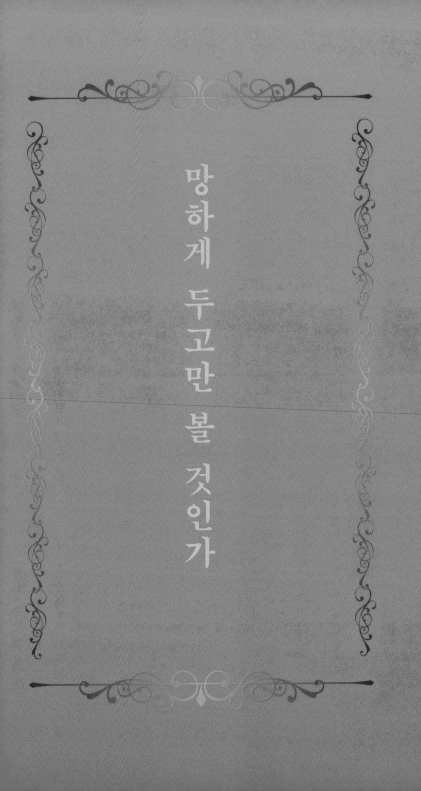

망하게 두고만 볼 것인가

성공으로 가는 길과
실패로 가는 길은 거의 똑같다

_콜린 R. 데이비스

# Winston Churchill

열정을 잃지 않고
실패에서 실패로 걸어가는 것이
성공이다

_윈스턴 처칠

# 1.

# 패러다임을 바꾸다

마켓컬리는 이미 스타트업 업계에서 신화로 불린다. 2014년에 설립돼 2015년 5월 '샛별배송'이라는 이름으로 새벽 배송서비스를 시작했다. 지난해 매출 1570억 원을 달성했고 월 매출도 1월 처음으로 300억 원을 돌파했다. 마켓컬리의 위대함은 존재하지 않았던 시장을 개척했다는 점이다. 배달서비스는 많지만 새벽 배송이라는 새로운 영역을 만들었다.

'새벽 배송'의 핵심은 '신선한' 재료를 '즉시' 가져다 준다는 것. 마트 영업시간에 맞춰 장을 보기 힘든 직장인들이 잠들기 전, 야근 후 퇴근길에 애플리케이션에서 터치 몇 번이면 내일 아침 우리 집 앞에 주문한 식재료가 도착해있다. 그것도 최고로 신선한 상태로. 맞벌이가 늘어가고 1인

가구가 늘어가면서, 혹은 무겁고 부피가 큰 생필품들을 직접 들고 다니기 부담스럽다는 등 여러 이유 때문에 집 앞까지 배달해주는 오픈마켓의 로켓배송에 소비들이 몰리기 시작하면서 유통시장이 급속도록 팽창하기 시작했고, 배송 노선과 인력이 다양화 되면서 좀 더 촘촘하고 빠른 배송이 가능해졌다. 덕분에 실제로 배송이 까다롭다고 여겨졌던 신선식품들이 배송의 주요 품목들로 당당히 자리매김하게 된 것이다. 아침식사를 직접 준비해서 먹고 출근하는 게 어려운 바쁜 직장인들은 간편한 도시락을, 다이어트 혹은 유아식 등 식재료를 선별해서 먹어야 하는 사람들이나 혹은 거리가 멀거나 거동이 불편하거나 집을 비울 수 없는 등의 여러 가지 이유로 마트까지 직접 다녀오기 힘든 사람들에게 '직배송', '로켓 배송', '새벽 배송'이 각광받는 이유다.

www.kurly.com

그리고 마켓컬리는 상품의 신선함 곧 품질을 위해 모든 유통과정에서 각 상품별 적정 온도를 유지하는 '풀 콜드 체인(Full Cold Chain)'을 시행 중이다. 또한 상품 기획자(MD)들은 산지를 방문해 상품 생산 과정을 꼼꼼히 살펴 판매 후보에 올린다. 매주 열리는 상품위원회에서는 MD뿐 아니라 마케팅, 고객서비스(CS) 부문 직원들이 함께 상품 출시 여부를 결정한다. 이 위원회를 거쳐야만 홈페이지에 상품을 올릴 수 있다. 상품위원회를 통과하더라도 매일 검수팀이 상품 질이 떨어진다고 판단하면 판매를 포기한다. 마켓컬리와 거래를 처음 하는 생산자 입장에서는 당황스럽기도 하겠지만, 그 기준만 통과한다면 마켓컬리와 오래 거래할 수 있고 100% 직매입 원칙과 무반품 원칙을 고수하며 생산자의 신뢰와 선호도를 높였다.

이처럼 사람들이 원하는 핵심을 긁어 주는 것. 사람들이 우선시하는 가치를 선점하는 것. 바로 이것이 대중에게 선택받고, 거래처와 신뢰 관계를 만들고 경쟁업체들보다 더 많은 고객을 유치할 수 있는 방법인 것이다.

그렇다면 현재 코로나19 이후 비대면 소비가 급증하면서 외출 자제, 다중시설 이용 기피 탓에 매출 하락 중인 오프라인 가게들은 어떻게 행동

해야 할까? 이러한 언택트 트렌드 속에서 우리 가게에 찾아오게 하는 새로운 이유가 있어야 한다. 미국의 사례를 통해 힌트를 얻을 수 있을 것이다.

www.usmagazine.com

미국 베이커리 카페 체인점인 '파네라(Panera Bread)'는 빵과 디저트류뿐 아니라 샌드위치, 샐러드 등 식사 거리도 함께 판매하는 가게이다. 미국인들이 파네라를 좋아하는 이유도 미국 어디서나 메뉴 고민 없이 아침, 점심, 저녁식사를 할 수 있기 때문이다. 코로나19로 인해 매출 하락을 경험한 파네라는 우유, 달걀, 신선식품 등 요리에 쓰이는 재료를 판매하기 시작했다. 온라인으로 미리 주문하면 배달해주거나 고객이 픽업할수 있다.

미국 멕시코 요리점 '보타산타'는 음식에 들어가는 말린 콩과 히비스커스 꽃잎 등 지역에서 생산되는 유기농 재료를 판매한다. 뉴욕의 와인바 '글루+글릭(Glou+Glick)'에서는 안주를 만드는 재료를 팔기도 하고, 해산물 요리 레스트랑 '간디댄서(Gandy Dancer)'는 해산물 요리에 들어가는 식자재를 판매한다. 그 식당의 맛을 알고 그 맛을 찾아갔던 손님들은 집에서도 그 맛을 먹길 원한다. 배달음식은 재료를 알 수 없고 따라서 몸에 안 좋을 것 같다는 인식이 기본적으로 존재하는 반면, 식당의 그 메뉴의 재료만을 받아서 내가 집에서 요리를 해먹을 때 사람들은 건강한 음식이라 생각한다. 반대로 식당을 이용하던 고객은 아니지만 재료를 판매하는 것을 먼저 알고 온라인을 통해 재료를 주문하여 집에서 그 메뉴를 만들어 먹을 수 있다. 재료의 신선함과 맛에 만족한 고객이라면 오프라인 가게에 대한 호감이 생기고 잠재 고객으로서 가게를 이용할 수 있게 된다.

"손님들에게 와서 먹는 것 이상으로 다양한 니즈가 있다. 그래서 음식 재료를 담은 박스를 팔기로 했다. 매번 멕시칸 요리를 하기 위해 마트에 가는 것은 어렵기 때문이다."

보타산타 사장 나탈리 헤르난데즈, 뉴욕타임즈, 2020.4.27

우리나라도 사실 아예 먼 이야기는 아니다. 코로나19로 외식 대신 집에서 밥 먹는 경우가 많아지면서 바로 해먹을 수 있는 손질된 재료와 양념, 조리법까지 들어있는 제품인 '밀키트' 시장이 급성장하고 있다. 데우기만 하면 되는 간편식품과 달리 밀키트는 재료를 가지고 요리를 해야하는 것임에도 불구하고 많은 사람들이 이용한다. 이에 대기업들도 밀키트 상품을 선보이고 있다. 특히 온라인 쇼핑의 사용비율이 적었던 5060 세대들에게 큰 인기를 끌고 있다는 것이 특징이다. 모바일 주문이 어려웠던 5060 세대들은 집에 있는 시간이 늘면서 온라인 쇼핑의 사용 빈도가 증가하고 편안함과 간편함에 적극적으로 나서고 있는 것이다.

"지난 30년 동안 3번의 불황에는 공통점이 하나 있는데 소비자들이 집에서 먹는 것을 선호했다. 간단한 재료나 조리만으로 집에서 다양한 식사를 할 수 있는 서비스를 제공하는 것은 소비자들에게 강렬한 인상을 남길 것이다. 트렌드를 이끌어 갈 수 있다."

리서치 회사 NPD그룹 분석가 데이비드 포탈라틴,
뉴욕타임즈, 2020.4.7

# ep.1

## 잘되는 장사 이야기

정훈은 가게를 일찍 마무리했다.

요즘 같이 전에 없던 전염병이 돌기 시작하면서

너나 할 것 없이 몸사리는 분위기라

손님 한두 팀이라도 받고 가게를 열어두는 게 나은 건지, 아니면

한두 팀 받느니 아예 열지 않는 게 나은 건지 잘 모르겠다.


"지효야, 얼른 마무리하고 퇴근해라."

"넵!"

저쪽에서 쓰레기봉투를 묶고 있던 지효가

고개도 돌리지 않고 냅다 대답한다.


포스기를 마감하고 (손님이 없다보니 마감 정산도 빠르게 된다.)

지효가 퇴근하길 기다린다.

문단속은 사장의 몫이니깐. 비품실에서 나온 지효가

정훈 보고 저녁에 다른 일정이 있느냐고 묻는다.


"왜? 무슨 일 있어?"

"그게 별거는 아니구요. 오늘 저녁밥 사주시면 안돼요? 토익은 코로나

때문에 또 취소되고, 학교도 갈 수 없고, 어제 월세랑 휴대폰비 냈더니

식비가 간당간당하고 소개팅한 놈한테 까이고."

"야, 그럼 니 친구들하고 마시지 왜 나를 붙잡고 이래."

"친구들은 다 알바다 뭐다 바쁘고, 또 사장님은 맛집을 많이 아시잖아요."

그래 뭐 어차피 집에 가도 혼자 먹어야 하는데

밥 친구가 생기면 나도 나쁠 건 없지.

"가자."

"어디로 뭐 드시러 가실 건데요?"


플라스틱 의자가 죽 나열되어 있고

주위에는 음료수와 주류가 담긴 냉장고만 빙 둘러서있다 .

마치 야시장의 천막 안에 들어와 있는 느낌이다.

"기껏 온 데가 여기에요? 사장님~

지효가 입술을 삐죽거리면서 말한다.

"왜 여기가 어때서."

정훈은 오는 길에 사들고 온 왕만두와 어묵꼬치,

그리고 편의점표 족발을 주섬주섬 꺼내놓는다.

"아니~ 여기는 그냥 별 특색이 없잖아요.

그냥 제 또래 애들이 많이 가는 맥주랑 장소만 제공하는 집."

냉장고에서 좋아하는 맥주 세 캔을 들고 오면서 정훈이 지효를 흘끗 본다.

"그럼 집에 가라~ 나혼자 먹고 갈 테니."

"아니 또 그렇다고 가겠다는 건 아니구요.

아이 참 이 사장님 진짜 뭔 말을 못하게 해."

지효가 장난스레 혀를 끌끌 찬다. 이럴 때 보면 누가 연장자인지 원.


"여기 좋잖아, 내가 먹고 싶은 거 사다 먹을 수 있고,

라면도 끓여 먹을 수 있고, 맥주가 막 종류별로 다 있고, 편하고 싸고,

자유롭고."

"자유롭고?"

"어떤 식당은 가보면, 뭐 2인부터 주문 가능, 하루 10접시만, 남자분만

오신 테이블은 소주 2병 이상 금지, 고기를 뒤집어라 마라,

소스를 넣어라 찍어라, 뭐 이것저것 룰이 많거든."

"아하."

"근데 여기는 내가 라면에 과자를 말아먹든, 족발을 김에 싸먹든,

누가 뭐래냐고, 내가 사온 거 내가 먹고 싶은 대로 먹겠다는데.

그래서 난 여기가 참 좋아, 내가 추구하는 가치가 다 여기 있거든.

아무리 비싸고 번듯한 식당이면 뭐해. 내가 가서 맘이 편하고,

내가 필요한 걸 제공해주는 식당이 좋은 거지. 여기가 딱 내 취향이야."

"ㅋㅋ 은근 말 안듣는 학생이었을 것 같아요, 사장님."

지효가 편의점 족발을 한 점 입에 넣으며 말했다.

정훈은 꿀꺽꿀꺽 맥주캔을 비우더니

"음. 그랬지. 맞아. 내 맘대로였어. 조직에 얽매이는 거 싫어하고.

학교 규칙 같은 거."

지효는 물끄러미 정훈을 바라보았다. 정훈이 이어 말한다.

"그래서 그런가. 사실은 회사도 내 체질은 아녔어.

그래서 핑계 삼아 뛰쳐나왔지…"

정훈의 말엔 왠지 자조가 묻어난다.

"근데 웬걸. 회사 밖은 체질을 논할 여유도 없다는 걸…."

마지막 문장은 웅얼거리며 말해 지효한테까지는 들리지 않았다.

"싸장님! 아니~ 내가 기분 꿀꿀하다고 해서 마련한 술자리인데

사장님이 먼저 선수치면!"

"선수치면?"

지효가 얼른 잔을 들어보이며

"제가 또 엄청 열심히 들어드리죠~!" 하고선 씩 웃는다.

# 2.
# 손님에게 무엇을 줄 수 있을지 고민하라

　자영업 특히 음식점을 운영하는 것은 요리를 하는 전문점일까 고객을 상대하는 서비스업일까. 애매하게 그 사이에 위치해 있는 음식점들은 맛도 중요하지만 음식의 맛만큼 고객을 응대하는 서비스도 중요하다. 간혹 대다수가 놓치는 부분이 있다. 서비스라고 해서 상냥한 미소와 친절한 말투만이 서비스의 전부가 아니다. 물론 직접적으로 고객을 응대하는 서비스도 중요하지만 고객의 니즈를 파악하고 심리적, 정신적 편안함을 제공하면 고객은 무의식적으로도 가게에 대한 호감이 높아진다.

"내 음식을 먹어 주는 것에 감사하고 사람이 좋아서 식당을 해야지.
남 주는 거 싫은 사람은 절대 식당하지 마세요. 죄악이야."

강동오리 창업주 강호순

중랑구에서 20년째 오리고기 전문점을 운영하고 있는 동강오리 창업자 강호순 사장님의 마인드는 마치 '서비스의 정석' 같으면서도 가장 기본적인 마인드이다. 하지만 그 기본을 변함없이 유지하는 것이 얼마나 어려운 것인가. 남편이 15년간 운영한 갈빗집이 IMF 여파로 상권의 큰 주축이 되어주던 건너편 예식장이 부도가 나면서 주변 상권들까지 모두 무너져버렸다. 강호순씨의 갈빗집도 폐업을 하고 노래방 등으로 업종을 변경해서 재창업을 하려 했으나 평생 해오던 식당이 아니라 자신이 없었던 부부는 다시 처음으로 돌아가기로 마음을 먹었다. 트렌드를 좇고 망한 식당들까지 분석하며 식당으로 재창업을 준비했다. 식당은 동네마다 어떤 메뉴로 창업할지가 중요하다는 것을 깨달았다. 예로, 강남은 심심하고 달짝지근한 맛을 선호하고 노동자가 많은 지역은 얼큰하고 짭짤한 맛을 좋아하는 것. 동네마다 특색을 파악하고 트렌드를 좇아 '웰빙'이 한창 뜰 때 건강식을 공략한 오리 전문점 '동강오리'를 창업했다.

그러자 비슷한 오리 가게가 우후죽순 생겨나기 시작하고 얼마 후엔 조류독감까지 터져 매출이 뚝 떨어지기도 했다. 그러한 힘든 시기엔 마음을 다스리기 위해 교양서적들을 많이 찾아 읽으며 버텨내었다. 그리고 기본으로 돌아가 손님에게 집중하기 시작했다. 식자재 값을 가능하면 주방에 알리지 않는 것도 방법이다. 왜냐하면 한 재료의 비용이 비싸다 혹은 요즘 매출이 힘들다는 것을 주방장이 듣게 되면 음식에 들어가는 재료를 아끼게 된다. 그러면 음식이 제 맛을 낼 수 없기 때문이다. 어려울수록 기본으로 돌아가 손님에게 집중하고 맛을 내도록 투자해야 한다. 그 결과 20여 년째 운영해온 동강오리는 연매출 7억으로 재창업의 성공을 가져왔다.

> **동강오리 창업주 강호순 사장이 재창업자들에게 하는 조언**
> ① 늘 트렌드에 관심을 가져라
> ② 메뉴는 동네 특색을 반영해라
> ③ 여러 식당을 다니며 배울점을 찾아라
> ④ 무리하게 빚내서 시작하지 말 것

한때 획기적인 아이디어로 많은 화제가 되었던 두 개의 바구니가 있다. 한 화장품 가게에서 선보인 '혼자 볼게요', '도움이 필요해요' 쇼핑 바구니이다. 쇼핑을 하다보면 직원들의 친절한 서비스가 당연하게 따라온다. 매장에 들어가 상품을 구경하고 있으면 바로 옆에 와서 상냥하게 응대해주고 나에게 맞는 상품을 추천해주기도 한다. 그러한 서비스들이 가끔은 오히려 불편하게 느껴질 때가 있다. 혼자서 천천히 상품을 비교 선택하

고 싶은데 옆에서 점원이 나를 쳐다보고 있으면 서둘러 상품을 선택해야

만 할 것 같은 느낌과 꼭 사야할 것 같은 부담까지.

그래서 손님이 자유롭게 쇼핑할 수 있도록 말을 걸지 않는 침묵 서비스

를 실시한 것이다. 이 침묵 서비스를 다양한 매장에 도입시켜, 소통하는

서비스가 주로 존재하는 미용실과 택시, 전자제품 매장 등에서 손님이

원하지 않으면 직원이 먼저 말을 걸지 않는다. 고객이 매장 혹은 가게에

서 즐겁고 편안하게 있을 수 있도록 배려를 해주는 것이다.

# ep.2

# 잘되는 장사 이야기

"회전초밥 가게에 가면 한 접시에 꼭 두 개씩 나오잖아요."

"응?"

하루 영업 마무리를 하던 중.

매장을 대걸레로 닦던 지효가 별안간 회전초밥 이야기를 꺼냈다.


"사장님 생각해봐요. 회전초밥집 가면 한 접시에 두 개가 올려 있어요.

그건 초밥집에 올 때 짝수로 오라는 의미 아닐까요?"

"회전초밥집에서 한 접시 위에 초밥이 두 개씩 올라온 이유가

손님들에게 짝수로 오라는 의미라고? 그럴 수도 있겠다. 근데 3명 가면?"

"그러면 초밥집 사장이 좋아하겠죠. 많이 팔리니까."

지효가 웃었다. 대강 청소를 마친 듯했다.


"지효. 너 '스시 효'의 사장인 '안효주'님이라고 들어본 적 있어?

지금도 그렇지만 당시에도 초밥은 결코 저렴한 음식이 아니었거든.

지금도 호텔 일식당에 가면 메인셰프가 만드는 초밥은 한 개당 1만원이

넘는 것도 있고 말이야."

"하긴 초밥이나 특히 회는 특별한 날이 아니면 자기 돈 쓰고 초밥집 가서

마음 편하게 먹을 사람들이 별로 없죠. 돈이 많으면 모를까."

"아니 그나저나 초밥을 논하면서 초밥의 장인 안효주 셰프를 모르다니,

기본이 안되어 있구만!"

"아니, 뭘 또 그렇게까지 말씀을 하신대요?"


"안효주 셰프는 1985년부터 2003년까지 신라호텔에서 근무하고

같은 해 청담동에 '스시효'를 열어 지금까지 국내 초밥의

선봉장 역할을 하고 계시지. 이제는 떼려야 뗄 수 없는 수식어

'미스터 초밥왕'은 만화 『미스터 초밥왕』의 작가 테라사와 다이스케가

그를 찾아오면서부터 시작됐어.

지효 너 미스터 초밥왕 알지?"

"네, 뭐 들어본적은 있는데 만화책에는 별 관심이 없어서…"

정훈은 어이가 없다는 듯 지효를 바라봤다.

"뭐? 아니 어떻게 미스터 초밥왕을 모를 수가 있어.

임지효 진짜 안되겠네. 오늘 제대로 배워."

정훈이 목을 가다듬으며 말을 이어간다.


"봐봐, 임지효. 잘들어봐. 안 셰프를 찾은 작가가 일본에 없는 초밥,

한국에만 있는 초밥을 만들어줄 수 있느냐고 물어 봤대. 그래서 안셰프님은

특유의 '탐구심'으로 단 하나의 초밥에 도전했다고 해."

"오 확실히 우리나라를 대표하는 초밥장인이긴 한가보네요."

흥분해서 말하는 정훈을 보고 지효도 이야기에 집중해 맞장구 치며 말했다.


"그럼~ 그래서 안 셰프는 '1주일 뒤에 찾아오라'고 호기롭게

대답했다고 해. 하지만 막상 만들려니까 쉽지 않았겠지.

일본이 섬나라이다 보니까 한국에 있는 생선은 일본에 다 있을 거 아냐."

"그렇겠죠, 아무래도 위치도 기후도 비슷하니 생선도 비슷한 종류가

많을 테고."

"응 그렇지. 그래서 생선으로는 일본에 없는 초밥을 만들기 어려울 것

같아서 궁리 끝에 우리나라에서 유명한 인삼으로 초밥을 만들면

어떨까 하는 생각을 했대."

"인삼이요? 확실히 한국적이고 특이하긴 하네요."

"6년근 인삼을 사다가 특유의 쓴맛을 빼는 연구를 했어. 인삼을 섭씨 85도

정도의 물에 담가 쓴맛을 빼고, 대신 신맛과 달짝지근한 맛, 짠맛을

다시 스며들게 해서 쓴맛을 많이 줄였지. 인삼이 너무 푹 익어버리면

씹히는 맛이 없으니까 적당히 익혀 식감을 살리는 것이 포인트였고.

1주일 뒤 찾아온 일본 작가는 '인삼 초밥이 특별한 매력이 있다.

초밥 맛하고 잘 어우러진다'고 평하고 나서 이 에피소드를

자기 만화책 '미스터 초밥왕'에 실은 거야."

정훈은 말을 하다보니 신이 난 모양이다. 미스터 초밥왕! 한국 대표!

이야기만 들어도 신나는 걸 주체할 수 없다는 듯이.


"음. 확실히 대단하게 느껴지네요.

한국을 대표한다는 마음에서 그렇게 한 건가?"

"더 놀라운 건, 이런 어마무시한 경지의 셰프인데도

아직도 스스로 부족하다고 느끼고 매일 아침 수산시장을 가고,

내 요리와 어울리는 그릇을 찾기 위해 그릇시장을 가고,

다른 가게를 가서 연구도 하고 끊임없이 자기 발전을 위해

노력을 한다고 해. 정말 존경스럽지 않니?

그 노력과 정성, 시간들이 다 자기 가게를 찾는 손님들만을 위한

특상의 서비스인 거야."


정훈은 먼 곳을 응시하며 말을 이어갔다.

"초밥을 가장 맛있게 먹으려면 어디에 앉아야 되는지 알아?"

"음… 딱히 자리가 영향이 있을까요? 어차피 다 같은 재료로 만드는데"

"어허~ 아니지 아니지. 테이블이나 룸보다는 '초밥 카운터'에 앉아야 해.

모든 요리가 그렇듯이 주방과 손님과의 거리가 최단거리일 때

음식의 본 맛을 느낄 수 있기 때문이야. 넌 학교에서 이런 것도 안 배우냐?"

"아니 가게가 뭐 몇백 평 되나?"

지효가 발끈하며 대답한다.


"쯧쯔, 지효씨. 불과 몇 초의 차이가 맛을 좌우할 수 있어요.

규모가 크지 않은 식당이라도 조리한 음식이 손님에게 전달되는 동안

식어버리거든. 내가 음식 나오면 빨리 서빙하라고 하는 이유가

바로 이거라고~."

"뉘에뉘에~."

지효가 우스꽝스러운 표정을 지으며 대꾸한다.


"안 셰프님이 또 존경받는 이유가 있지. 바로 위생 철칙."

"위생은 뭐 다들 주의하는 부분이긴 한데, 사실 쉽지가 않죠."

"안 셰프님의 식당에서는 나무 도마에 조그마한 칼집이라도 있으면

불호령이 떨어진대. 도마에 칼자국이 생기면 대패로 날마다 깎고,

햇볕에 말리고. 도미회, 참치회, 소고기 등 초밥에 올라가는

재료가 달라질 때마다 손을 씻는 것은 기본이고.

그리고 한 사람을 서브하고 나면 30~40분씩 손을 또 씻는대.

초밥 요리사들이 의사들보다 더 위생관념을 철저하지."

"와~ 진짜 그렇게 한다고요?"

"요리는 마음의 수양이라고도 하잖아. 그래서 그분은

마음속에 화가 나면 절대 칼을 잡지 않는다고 해.

손 끝에서 악한 기운이 나와 요리에 다 스며들기 때문에."

"에? 그런 게 어딨어요? 진짜로요?"

"우리는 그런 가게 사장님들의 장인정신! 노고!

바로 그걸 알고서 먹어야 한다고. 알겠나 알바?"

"초밥 먹기 부담스러울 지경이네요."

지효가 허허 웃으며 말했다.


"그러니 초밥가게를 가는 손님들도 꼭 지켜야 하는 예의가 있어."

"응? 그래요?"

"초밥 카운터에서 먹을 땐 에티켓이 꼭 필요해.

너도 잘 들어두란 말이야.

너라고 고급 초밥집에 언제 한번 가지말란 법 없잖아."

정훈의 계속된 가르침에 뾰로통해진 지효가 정훈을 흘깃 보고 있는데도

정훈은 눈치 없이 계속해서 말을 이어 나갔다.


"진한 향수를 뿌리는 것을 자제해야 하고, 큰소리로 웃고 떠들거나,

휴대폰 벨소리가 크게 울리게 두면 안되고.

요리를 만드는 셰프를 존중하는 태도를 보여야 된다고.

룸은 자기들만 있기 때문에 상관이 없지만, 바에서는 모두가

동등한 위치에서 배려하는 매너와 에티켓을 지켜주는 게 좋아."

"역시 장인의 세계라는 건 대단한 것 같아요.

우리 가게 잘되면 언제 그런데 가서 회식 한번 해요, 사장님~!"


회-식-!이라며 씨익 웃는 지효의 얼굴이

악마처럼 느껴지는 것은 정훈의 착각일까?

# 3.

# 내 가게에 스토리를 입혀라

음식점들도 단순히 음식만 판매하는 것이 아니라 브랜드에 대한 차별화된 이미지를 이야기꾼이 되어 재밌는 방법으로 소비자들에게 각인시켜야 한다. 그래야 살아남을 수 있다. 요즘의 소비자들은 과거의 소비자들과 다르다. 최대 소비자 집단으로 급성장하고 있는 밀레니얼 세대(16~36세)는 무조건적인 소유와 외식보다는 경험과 공유를 중요하게 생각하는 경향을 보인다. 그 이유는 기술의 발달로 제품에 대한 경쟁력의 차이가 없어진 상황에서 소비자들이 차별화된 경험과 서비스를 구매하는 것에 가치를 두기 시작했기 때문이다. 그 결과, 한 예로 구독서비스와 같은 방식의 소비가 유행처럼 번져나가고 있다.

# 변화하는 소비 트렌드

① 2015년~2017년 : **가성비 · 가용비**

   → 고가 제품에 비해 품질이 떨어지지 않거나

     용량이 많은 저렴한 제품 추구


② 2017년 후반 : **B+프리미엄**

   → 합리적인 가격대이면서

     품질과 기능이 뛰어난 고급형 제품 추구


③ 2019년 : **가심비**

   → 가격 대비 소비행동을 통해 얻을 수 있는

     심리적 만족감이 큰 제품 추구


④ 2020년 : **인사이드**

   → 나에게 집중하여 본인이 원하는 것에

     더 많은 시간을 투자하고 개성을 드러내는 제품 추구

출처_
https://magazine.hankyung.com/money/article/2019102800174040092
https://www.kbanker.co.kr/news/articleView.html?idxno=88828

자신이 원하는 라이프 스타일을 제품을 통해 경험하고 싶어 하는 소비자들은 이성보다는 감성을 자극하는 스토리에 반응하는 것이다. 과거엔 우월한 기능의 제품을 하나 만들게 되면 시장을 장악할 수 있었으나, 지금은 누구나 그 우월한 기능과 외관을 빠르게 따라잡을 수 있다. 소비자의 욕구를 파악하고 여러 기술을 정교하게 융합해 하나의 제품이나 서비스로 디자인하는 것이 성장의 필수 전략이다.

"고객의 구매 결정은 이성적 이유보다는 감성적 요인에 따라 이루어지며 사람들은 상품에 담겨 있는 감성, 가치, 이야기를 구매한다. 따라서 기업은 제품 자체의 기술적 우수성이나 편리함보다는 이야기와 신화를 만드는데 주력해야 경쟁력을 확보할 수 있다."

덴마크 코펜하겐의 미래학연구소장 롤프 옌센

스토리텔링이 중요한 요인은 여러 가지가 있지만 가장 염두에 두어야 할 현상이 SNS의 확산이다. SNS가 대중적으로 확산되면서 사람들은 특별한 것을 경험하고 이를 다른 사람들에게 자랑하는 것에 매력을 느끼게 되었다. 남들이 하기 어려운 경험, 기억에 남을 만한 경험을 하고 이를 SNS로 공유하는 것을 가치 있다고 여기게 된 것이다.

사람들은 이제 다른 사람들이 어떤 신발을 샀는지보다는 어디를 다녀왔는지에 더 관심이 많고 듣고 싶어 하는 시대로 움직이고 있다.

그래서 다른 사람의 경험에 대해 민감하게 반응한다. 다른 사람의 SNS에 업로드된 좋은 경험, 장소, 메뉴 등은 자신의 다음 행동에 영향을 받게 된다.

## 전 세계 소비 주도층 '밀레니얼 세대'들의 음식점 선택 방법

1위. 온라인이나 모바일에서 사전 검색 (58.1%)

2위. 주변에서 마음에 드는 곳으로 현장 선택 (25.9%)

3위. 다른 사람의 의견과 동일하게 선택 (16%)

출처_ 대학내일20대연구소, 2018

사람들이 자신의 SNS에 올리고 싶어지는 우리 가게만의 특별한 스토리가 필수적이라는 것이다. 하루 수십, 수백 개의 피드를 올려보는 밀레니얼 세대들이 비슷한 메뉴, 비슷한 인테리어, 비슷한 분위기, 비슷한 스토리를 판단하는데 어렵지 않다.

## '밀레니얼 세대'가 선호하는 맛집 유형

1위.  SNS에서 유명한 음식점 (34.7%)

2위.  입소문 난 원조 음식점 (29.1%)

3위.  프랜차이즈 음식점 (25.1%)

4위.  공신력 있는 기관에서 인정한 음식점 (11.1%)

출처_ 19~34세 식생활 및 식문화 연구 보고서
(대학내일20대연구소, 2018)

그렇다면 어떻게 스토리텔링을 할 수 있을까?

 첫 번째, 상호와 슬로건을 이용한다. 상호가 없는 음식점은 없다. 음식점의 스토리텔링은 브랜드 네이밍에서부터 시작할 수 있다. 상호를 지을 때부터 브랜드의 전략적 스토리텔링을 염두에 두고 신중히 결정해야 한다. 오랫동안 상호를 사용해 인지도가 있거나, 다른 이유로 상호를 그대로 사용할 수밖에 없다면 스토리텔링을 할 때 상호와 함께 슬로건을 이용하는 것이 좋다.

blog.naver.com_smileday1114

슬로건은 상호를 도와서 음식점의 철학이나 브랜드 스토리를 알릴 수 있는 좋은 도구가 된다.

두 번째, 상품의 제조 과정과 특별한 진열 방식으로 스토리텔링을 할 수 있다. 음식점 같은 서비스 브랜드라면 자기만의 음식 제조 과정이나 잘 고안된 상품의 진열 방식을 통해서도 스토리텔링이 가능하다.

소매점같이 상품의 진열 방식과 생산자를 알리는 패널, 천장 같은 곳에 설치한 POP, 캐릭터를 함께 사용하면 훌륭한 스토리텔링이 가능하다.

세 번째, 전시나 체험 방식으로 스토리텔링한다. 박물관이나 미술관에서 많이 사용하는 전시 방식은 음식점에서도 스토리텔링하기 좋은 방법이다. 사람들에게 흥미를 끌기 쉽기 때문이다.

한식당 다도 체험 교실 운영사진

오바마 베트남 그릇전시사진 blog.naver.com_nahe0904

네 번째, 개인 미디어를 활용해 스토리텔링한다. 글쓰기나 개인방송은 매스미디어(신문, 방송)들만의 영역은 아니다. 누구나 마음 먹으면 블로그나 유튜브 같은 소셜미디어를 이용해 글을 쓰고 사람들과 소통할 수 있다. 최근에는 일반인들 중에서 '인플루언서'라고 불리며 연예인만큼의 막강한 영향력을 발휘하는 개인들이 있다. 이들은 수만에서 많게는 수백만까지의 구독자를 이끌며 유행의 흐름을 선도한다. 이들이 자신들의 개인 채널에서 먹고, 마시고, 입고, 체험하는 것들이 엄청난 파급력을 가지며 트렌드로 자리매김하게 되는 것이다.

또한 요즘은 외식기업의 경영자가 자신의 경험을 바탕으로 책을 출간해 브랜드 스토리 마케팅을 하는 것을 많이 보게 된다. 예를 들어 국내 토종 브랜드인 커피전문점 '이디야'의 문창기 대표의 [커피드림]이란 책에는 '허름하고 작은 사무실에서 시작해 본사 사옥이 생겼고, 10여 명이었던 직원이 300명의 대가족이 되었으며, 국내 커피전문점 최초로 가맹점 수 2000호점을 돌파한 것처럼, 기적은 하나둘 이디야의 시간 속에 새겨지고 있다'는 내용이 스토리텔링되어 담겨있다. 이 책 자체가 '이디야'라는 커피전문점의 브랜드스토리가 되어, 소비자나 잠재 고객으로 하여금 신뢰성이 강화되는 효과를 가져온다.

# ep.3

## 잘되는 장사 이야기

5G 시대를 살아가는 현대 사회의 젊은 사람들은

늘 새롭고 트렌디 한 것을 찾아 다니지만

때로는 변하지 않는 아름다움을 그리워한다.

그래서 레트로풍의 음악이나 디자인이 유행을 하기도 하고

요즘 시대의 트렌드와 과거의 레트로를 합친 뉴트로가 유행을 한다.


"형, 저희 회사 앞에 있던 '테라로사 커피' 지금도 있겠죠?"

"회사 바로 길 건너에 있던 그 카페 말이지?"

"거기 커피는 진짜 최고잖아요. 자기들 나름대로 커피를 배합해서 주는데

전 아직도 그 맛을 잊지 못하겠어요.

일하는 동안 형 출퇴근 때 간단히 대화만 하던 게 끝이었는데,

그날 아침에 형이 점심시간에 같이 점심 먹자고 물어봐 주셨잖아요.

그때 밥 먹고 직원들이 자주 가는 카페라고 저 데려가 주셨는데...

형, 기억해요?"

그래. 기억이 난다. 나보다 두 기수 아래 입사한 후배.

고향이 같아서 왠지 친근감이 있었지. 부서가 달라 같이 일할 기회는

적었지만 자리는 가까워서 제법 교류가 있었다.

그리고 이 녀석은 남자놈이 식사 후에는 꼭 커피를 마셔야 한다고

노래를 불렀었지.

상진이가 말하는 '테라로사 커피'는,

커피를 좋아하는 마니아층에서는 일부러라도 찾아오는

원두로스팅 방식이 특색인 커피점이기도 했다.

특히 세계 20여 개 나라의 커피 맛을 느낄 수 있는 점 덕분에

서울뿐만 아니라 먼 지역에서도 손님들이 찾아오는 인기 명소이기도 했다.


상진이는 예전에 함께 마셨던 커피를 떠올리며

마치 예전 그때로 시간을 되돌리기라도 한 듯 꿈을 꾸는 사람처럼 보였다.

굳이 장문의 이야기로 설명하지 않아도 누구나 이해하는 그런 감정 아닐까?

자신이 태어난 순간은 기억하지 못해도 사람이 고향땅을 그리워하는 것처럼

누군가의 추억 속에 자리 잡은 기억은

그 사람의 영원한 감정적 재산이 되는 점 말이다.


상진이는 오래전 그 커피점을 떠올리는 듯, 한껏 행복한 표정이었다.

1970년대 분위기를 그대로, 혜민당 & 커피한약방.

"조금만 가면 돼."

혜민당은 을지로3가역 1번 출구에서 청계천 방향으로

조금만 걸어들어가면 좁은 골목 안쪽에 커피한약방과 마주하고 있다.

과거 허준 선생이 병원으로 사용하던 장소를 개조하여

운영 중인데, 고풍스럽고 빈티지한 느낌을 잘 간직하고 있으면서도

멋스럽고 촌스럽지 않다. 유명한 모 티비 프로그램에 나와서

유명세를 더 타고 있는 것도 같다.

"저기예요."

"응, 찾았다. 대기줄이 없네, 다행이다."

간판은 투박한 붓글씨로 '혜.민.당' 이렇게만 적혀있다.

작지만 정감 깊어 보이는 카페 안 직사각형 한쪽 면엔

주방 겸 주문대가 있고, 이런 실내 분위기는 현대적인 느낌 없이 고풍스러움

그 자체이다.


여기 혜민당은 레트로의 매력을 느끼려는 젊은이들과

한국스러움에 관심있는 외국인들과,

그리고 옛 추억을 즐기는 어르신들이 많이 찾는 명소가 되었다.


상진이가 카페 안의 1970년대 조선(?) 분위기에 감탄할 즈음

나는 서둘러 우리가 앉을 테이블을 찾고 있었다.

이 날은 운이 좋은 편이었다.

평소와 같았으면 앉을 자리도 없을 만큼 손님들로 북적일 곳이었는데,

마침 우리가 들어서는 순간 자리에서 일어서는 손님들이 있었다.

가볍게 미소를 건네고 자리를 앙도받는 기분.

테이블에 앉아서 그때부터 마음 편하게 카페 안을 다시 둘러보는데,

카페의 코너마다 고풍스러운 장식품과 자개장농, 오르골 등

세월을 거스른 각종 소품이 전시되어있고,

옛 모습 그대로의 창틀과 계단은 삐걱삐걱 소리가 날 듯

그 시대의 모습을 그대로 담고 있다.

입구와 카운터 옆에 붙어있는 '이층에도 자리 있습니다'와 같은

각종 안내문도 족자에 붓글씨로 또박또박 쓰여 있는데,

신기하게도 분명 한글인데도 세로로 쓰여 있는 탓인지

읽는데 버벅거리게 된다.


"저기, 형 여기서 우리 커피만 마셔요? 아니면 빵 같은 것도 드실래요?"

상진이는 테이블에 앉은 상태로 상체를 숙여서 내게 말을 걸었다.

카페가 너무 좁은 탓도 있었지만

그렇다고 해서 주위 다른 손님들에게 들리면 안 되는 이야기도 아니었는데

아무래도 상진이는 왠지 조용히 말해야만 하는 느낌을 받은 모양이다.


"출출해? 여기 베이커리도 있어."

빵과 디저트는 혜민당에서 주문하고

차 종류는 맞은편의 커피한약방에서 주문하면 된다.

자리는 두 집 어느 곳에 자리 잡아도 상관없다.


쌍화차나 대추차 같은 것만 팔 것 같은 느낌적인 느낌이지만,

사실 갖추고 있는 커피와 베이커리들은 요즘의 입맛에 맞게

강남의 매끈한 카페 어딘가와 크게 다르지 않다.


이게 바로 뉴트로이다.

이런 인테리어의 가게에서 가래떡이나 식혜 같은 것을 판다면,

너무 뻔하지 않은가. 커피를 주문하러 갔다.

카운터 부근에서 원두를 직접 볶고 있었다.

고소한 냄새가 후각을 자극한다.

이곳은 직접 원두를 볶아서 주문 즉시 커피를 내려준다.


흔하디 흔한 커피집이지만 유서 깊은 혜민서의 자리를 활용하여

마치 그 시대에 머무르는 듯한 느낌을 받게 하는 가게,

이름도 한약방으로 지어 장소와 컨셉을 맞춰 커피를 파는 가게.

사람들은 그 상황과 메뉴를 즐기러

이 좁은 골목 안쪽까지 찾아들어오는 것이다.

"형은 어떻게 이런 가게들을 다 알고 있어요?"

"나야 뭐 관심이 많으니까 여기저기 찾아보고 그러다가 가게까지 차리고 뭐 이렇게 된 거지."

"오~ 역시 형은 대단해. 정보의 폭과 깊이가 어마어마하다니깐요."

나를 치켜세워주는 상진이의 말에 웃음이 났다.

저 녀석 사회생활 잘하는 거 하나는 알아줘야 한다.

빈말이란 걸 알지만 그래도 기분이 슬그머니 좋아졌다.

# 4.

# 문어발식 경영이 나쁜 것일까?

**코로나에 음식배달 거래액 84% 늘었다…1년새 5755억 증가**

'사회적 거리두기'가 한창이던 4월 소비자는 온라인쇼핑을 선택했다. 특히 비대면 서비스의 대표 격인 음식배달 시장의 성장이 두드러졌다. 통계청이 3일 발표한 '4월 온라인쇼핑 동향'에 따르면 지난달 온라인 쇼핑 거래액은 12조26억원으로 지난해 같은 달보다 12.5% 증가했다. 신종 코로나바이러스 감염증(코로나19) 신규 확진자 수가 상대적으로 많았던 3월보다는 4.8% 감소했다. 통계청은 "코로나19 영향으로 바뀐 소비 행태가 이어지며 외부 활동을 자제해 집 안에서 소비하는 상품 거래가 늘었다"고 분석했다.

배달음식·신선식품·간편조리식 등 음식서비스 거래는 전년 동월 대비 83.7%(5755억원) 늘었다. 소비자는 음·식료품, 농축수산물 등 집 안에서 직접 소비할 수 있는 식품 주문도 늘렸다. 식품 분야 온라인 거래액은 전년 동월 대비 6510억원 늘며 전체 상품군 중 가장 크게 증가했다.

예상치 못한 전염병 하나로 세계적인 경제 사회나 개개인의 라이프 스타일에 변화가 왔다. 사회적 거리두기로 외식을 하지 않는 사람들의 음식 배달 거래가 늘었고, 온라인 쇼핑 이용자 연령대가 젊은 층 위주에서 장년층으로 확대되었다. 매장운영만 하시던 분들도 배달에 뛰어들고 있다. 하지만 이러한 시스템은 예상 못한 변화가 아니었다. 배달앱들의 성장세와 1인 가구의 증가, 회식보다는 가정과의 저녁을 보장하는 제도, 단체 위주의 식단이 아닌 자신의 취향대로 선택하는 문화 등으로 인해 음식배달 시장의 성장이라는 충분히 예상할 수 있는 변화들이 코로나19로 인해 조금 더 빨리 찾아온 것뿐이다. 이러한 상황에 오프라인 식당을 창업하는 것에 대해 위축되어선 안된다. 주변 환경을 제대로 파악하고 어떻게 대비하고 준비할지 고민할 시간도 부족하다!

"배달은 앞으로도 지속될 메가 트렌드다. 그동안 배달을 해오지 않았던 매장이라고 해서 너무 어렵게만 생각하지 말고 서둘러 배달 시스템을 적용해야 한다. 포장 손님을 받을 준비가 된 매장은 배달도 할 수 있다고 보면 된다."

장안대 유통경영학과 주윤황 교수

매장 식사뿐 아니라 배달과 포장을 하기 위해 가장 기본은 포장 용기를 선택하는 것. 포장 용기도 가게의 이미지나 음식물 보관 등 실용적인 부분에서도 상당한 역할을 하고 있으니 꼼꼼하게 선택해야 한다. 우선 내가 판매하고 있는 음식의 형태나 사이즈를 실측해서 정해두는 것이 좋다. 음식의 크기나 부피를 제대로 알고 있어야 용기에 담을 수 있다.

원하는 포장 용기의 형태나 재질 등도 음식의 종류에 따라 미리 생각을 해두자. 음식이 담긴 그릇에 따라 음식이 맛있게 보이는 시각적 효과가 달라진다. 포장 용기도 마찬가지이다. 종이 박스를 사용할지, 플라스틱 용기를 쓸지, 뚜껑의 종류, 유산지 유무 등 구체적으로 생각해볼수록 나중에 수월하다.

그리고 포장 관련 업체 리스트를 만들자. 많은 업체들이 있다. 업체명과 주소, 참고사항들을 적어두고 나의 기준이나 조건에 미달하는 업체를 지워나가는 방식으로 선정하는 것이 좋다. 리스트를 다 만들었다면 업체의 홈페이지를 방문하여 제품을 다시 선택하자. 사이즈부터 형태, 재질까지 다양한 제품들이 있다. 개당 단가와 배송비 여부, 최소수량 등도 꼼꼼하게 체크해야한다. 그리고 업체마다 배송비만 부담하면 무료로 샘플을 발송해주는 업체가 있으니 실제 제품을 받아서 음식을 담아보거나 포장된 모습을 확인할 수도 있다. 맘에 드는 제품이 없을 때는 기성품 업체 말고 맞춤 제작을 알아보는 것도 방법이다.

## 포장용기 선택 과정

1. 음식의 형태와 사이즈 실측

2. 포장 용기의 형태와 재질 선택

3. 포장 관련 업체 리스트 만들기

4. 각 업체의 제품 스펙 확인하여 포장 용기 선택

오프라인 매장에서도 필수가 되어버린 포장, 배달을 할 때 자영업자들의 배달업체 대비가 중요한 시점이다. 몇 년전부터 배달업체 '배달의 민족' 수수료 시스템에 대해 자영업자들의 부담이 가중되고 서로 상생할 수 있는 대책마련위원회가 열렸다. 대책으로 공영배달앱을 만들어야한다고 말하는 목소리도 커지는 가운데, 창업을 준비하는 우리가 가장 고려해야하는 것은 우리 가게의 경쟁력을 키우는 것이다.

배달의 민족 같은 업체를 통하지 않고서는 주문과 매출이 나오지 않는다면 그 가게는 시장 경쟁력이 없는 가게이다. 현대 사회의 창업은 그 창업아이디어와 아이템이 반드시 지식, 정보 기반의 비즈니스여야 한다. 이것은 요식업에서도 마찬가지이다. 아무나 다 할 수 있는 중국집, 치킨집, 족발집, 떡볶이집, 이러한 프랜차이즈들을 통해서는 절대로 살아남을 수 없다. 엄청난 임대료와 시설비 등의 투자를 필요로 하는 사업은 절대 처음부터 시작하는 것이 아니다. 영화 '라이언 일병 구하기'를 보면, 수많은 미군들이 노르망디 상륙작전을 할 때, 프랑스 북부의 해변을 한꺼번에 다 공격하는 것이 아니다. 어느 특정 지점에 수많은 병력과 화력을 집중해서 순간적으로 힘의 우위를 가져가고 그 한 곳을 돌파한 후에 나머지 방어선을 무너뜨리는 전략이다. 비즈니스도 마찬가지이다. 초보 창업의 제한된 인력과 자원으로 치열한 경쟁이 벌어지고 있는 시장에서 살아남기 위해선 어느 분야에서든 가장 특화된 상품, 서비스로 시작하는 것이 가장 승산이 높다.

여러 방법들이 있겠지만 우리 가게만의 특화된 상품을 만드는 좋은 방법은 이색 식재료를 활용하는 것이다. 남들과 다른 식재료를 쓰는 것만으로도 충분히 관심을 불러일으킬 수 있다. 돼지고기의 경우, 과거에는 단순히 국내산, 호주산, 네덜란드산 등 원산지로 구분됐던 돼지고기는 최근 품종에까지 관심이 쏠린다. 랜드레이스, 요크셔, 듀록 등 품종에 따라 돼지의 생김새도, 또 맛도 전부 다르다. 몇 년 전 외식업계에 불어닥친 '이베리코 돼지' 열풍도 같은 맥락에서 이해할 수 있다.

지역 특산물을 활용한, 이른바 식자재의 '로컬라이제이션(현지화)'도 수단이 될 수 있다. 단순히 '고구마 라테'가 아니라 '강원도 원주 농장에서 직접 캐온 호박 고구마 라테'를 파는 식이다. 스타벅스가 내놓은 '이천 햅쌀 프라푸치노'가 좋은 예다. 호평에 힘입어 시즌 음료에서 상시 메뉴로 전환했다. 설빙에서 누적 판매량 750만개를 돌파한 히트 메뉴 '메론설빙' 역시 '곡성 멜론' 마케팅으로 인기를 모았다.

오프라인의 강점을 살리는 것만큼 중요한 것이 온라인에서의 입지이다. 이와 관련해서 페이팔 공동창업자이자 모바일 결제회사인 '어펌' CEO인 맥스 레브친은 "오프라인에서 제품을 경험하고 온라인에서 사는 트렌드는 코로나 이후 바뀌게 될 것이다. 온라인에서 구매해서 매장에서 픽업하는 모델이 될 것이다. 유행이 정확히 반전되는 것"이라고 말했다.(비즈니스 인사이더, 2020.4.28) 이제 자영업자들도 손님들의 온라인 경험을 높이고, 온라인에서 구매할 수 있도록 대비해야 한다는 것이다.

> "소비자들의 눈에는 보이지 않는 거대한 소프트웨어 전쟁이
>
> 앞으로는 음식과 식품 산업에서 벌어질 것이다."

맥스 레브친, 어펌 CEO

뉴욕 차이나타운의 한 식당 주인은 지역 상권 전체가 코로나19로 인해 타격을 입자 영업 중인 인근 식당들이 인스타그램 계정을 열어 식당을 홍보할 수 있도록 도와주었다. 새로운 젊은 고객들이 차이나타운을 찾아오게 만든 것이다. 자영업자들이 시작할 수 있는 온라인 대비는 간단하게는 네이버 스마트 플레이스에 등록하여 포탈사이트에 식당 이름이 검색이 가능하도록 하는 것이고 인스타그램과 같은 SNS를 시작하여 식당의 하루하루 일과 또는 메뉴를 사진으로 남기는 것이다.

이미 정부에서도 소상공인, 자영업자의 디지털 전환을 위한 지원 정책을 펼칠 계획이라 밝혔다. 먼저 소상공인 사업장에 스마트오더와 스마트미러, 3D 스캐너 등 스마트기술을 도입해 서비스 개선과 경영 효율화를 지원한다. 음식점이 밀집된 상점가는 스마트 앱을 통해 예약·주문·결제가 가능한 스마트오더 등 상점가 특성에 맞는 스마트기술 도입을 지원

할 계획이다. 이를 통해 소상공인과 자영업자가 코로나19 이후 일상화된 비대면 소비환경에 대응, 소비자 맞춤형 서비스를 제공함으로써 경쟁력을 확보할 수 있을 것이다.

# ep.4

## 잘되는 장사 이야기

"사장님 뭐하세요?"

지효가 테이블을 닦다 말고 다가오면서 묻는다.

정훈이 몇 분째 휴대폰만 들여다보고 있으니 묻는 말이다.

"이거 왜 복사가 안 되지?"

정훈이 휴대폰 화면을 지효에게 보여준다.

"최현석 셰프의 이탈리안 레스토랑에 갔던 손님이 플레이팅을

사진 찍어서 인스타그램에 올린 건데 내꺼에 복사해서 보관하고 싶은데

링크 복사도 없고 사진 다운도 안 되고, 캡쳐해서 올려야 되나?"

지효가 정훈의 휴대폰을 달라고 한다.

"이리 줘보세요, 사장님."

지효가 어느 손님이 인스타그램에 남긴 글을 유심히 읽는다.

"와 진짜 멋있게 플레이팅 했네요. 역시 유명셰프는 달라."


"인스타그램은 왜 그런지 몰라도 사진 다운도 안 되고 사진 수정도 안 되고

좀 번거로운 면이 있어요. 이거 화면캡쳐를 하셔도 되고,

아니면 사장님 인스타그램에 올리고 싶으시면 리그램하시면 돼요."

"리그램?"

그게 뭐냐는 눈빛으로 정훈이 쳐다본다.

"와- 대박. 모르세요? 아니 인스타는 어떻게 시작하셨대?"

지효가 놀리는 듯한 표정으로 정훈을 쳐다본다.


"사진 올리고 글쓰고 이렇게 기본은 하는데,

좀 기교가 들어가는 건 영 모르겠더라고."

정훈은 지효의 놀리는 듯한 표정에도 아랑곳 않는다.


"아 그리고 여기 봐봐, 이 사람은 사진을 아홉 장을 따로따로 올렸는데,

이게 퍼즐처럼 이렇게 하나의 그림이 되게 해놨더라니깐.

너 이런거 본적 있어?"

정훈이 자신이 팔로우 하고 있는 또 다른 셰프의 인스타계정을 보여준다.


지효가 보니 계정 피드 목록을 한번에 보면 9개로 분할된 사진이 합쳐져

하나의 이미지로 보이게끔 해놓았다. 요즘 많이 쓰는 업로드 방법이다.

어떤 계정 사용자는 3칸씩 보이는 화면을

제일 왼쪽은 디저트 사진 오른쪽 두 개는 음식 사진,

이렇게 규칙적으로 보이게끔, 음식 사진 2개를 업로드 후 디저트 사진 1개를

올리는 루틴을 만들어 게시글을 업로드 하기도 한다.

같은 SNS 툴을 어떻게 특색있게 꾸미느냐에 또 기교들이 생기는 것이다.

"일단, 리그램부터 말씀드릴게요."

지효가 자신의 휴대폰을 정훈 쪽으로 보여주며 찬찬히 설명한다.

"리그램이라는 것은 어떤 사람의 게시물을 내가 갖고 와서

다시 게시하는 걸 말하는데, 트위터의 리트윗 개념이라고 보면 돼요.

트위터는 알죠?"

이놈이 보자보자하니 사람을 완전 노인 취급을 한다.


"리그램을 하려면 일단 별도 애플리케이션을 설치해야 되는데,

여기 플레이스토어에서 리그램이라고 검색해보면 몇 개 앱이 떠요.

아무래도 다운로드 수가 많은 게 낫겠죠? 이걸 우선 설치하고.

저는 미리 쓰던 게 있으니깐, 제 껄 바로 실행해 볼게요."

지효가 앱을 실행시켰다.


"여기 보시면 내가 가져오고 싶은 게시물을 종이비행기 같은 걸 눌러서

복사해서 여기 앱에 갖다 붙여요. 그리고 나서 확인을 누르면,

봐봐요,

여기 사진 하단에 원게시자의 계정이 붙어서 내꺼에 게시가 되었죠?

이렇게 하면 내가 관심있고 소장하고 싶은 게시물을 내 목록에서도

볼 수 있는 거예요. 태그도 같이 붙여주면 좋고요.

누구꺼에서 왜 가져왔는지.”

“오 신기하네. 별도 애플리케이션이 있어야 되는구나.

나는 그 자체에서 되는 줄 알았지. 파생 앱이 엄청 많네?”

“맞아요. 아까 말씀하신 9분할 사진도 다 별도 앱에서 하시면 돼요.”

지효가 다시 자기 휴대폰을 내민다.


“여기 보시면 인스타그램 사진 분할이라고 검색하면

또 여러 개가 검색되죠? 하나를 설치해서~

내가 자르고 싶은 사진으로 불러와서 실행 후 저장~!

이렇게 하면 내 갤러리에 별도 앨범이 하나 생성되면서

사진이 9장으로 쪼개져서 저장돼요. 신기하죠?”

“오- 그러네~!”

“이제 이걸 순서에 맞게 잘 맞춰 올리기만 하면 되는데,

대신 이 이후에 새로운 게시물을 하나 올리면 이 배열은 깨져서

좀 보기 흉할 수도 있어요.

그래서 어떤 사람들은 한 번에 세 개씩 게시물을 올리기도 해요.”

정훈이 휴대폰 화면을 한참을 들여다 본다.


“아~ 어플만 잘 활용하면 다양하게 업로드를 할 수 있구나.

역시 사람들이 머리가 참 좋아."

지효가 정훈의 손에서 휴대폰을 거둬가며 말한다.


"요즘 우리 또래는 다 아는 건데, 사장님은 모르고 계셨다는 게 더 충격~."


아, 잘 가르쳐주고 쟤는 꼭 저렇게 뼈를 때린다.

고맙다가도 저런 말을 붙이면 고마운 마음이 저 멀리 달아나 버린다.

3장

턴 어 라 운 드

불가능한 것을 손에 넣으려면,
불가능한 것을 시도해야 한다

_세르반테스

*Dale Carnegie*

실패에서부터 성공을 만들어 내라,
좌절과 실패는 성공으로 가는
가장 확실한 디딤돌이다

_데일 카네기

# 1.

## 하나의 메뉴, 그 자리의 가게

백종원이 방송에 나와서 식당 주인분들에게 권유하는 것이 바로 메뉴 단일화이다. 백종원에 따르면 식당을 할 때 메뉴를 단일화 시키는 것이 제일 좋은 결심인데 대부분 메뉴 단일화를 유지하지 못한다는 것. 사실 메뉴 단일화의 특성상 한 달만 지나도 손님은 당연히 줄어들게 되어있다. 메뉴가 질리기 때문에 줄어드는 손님을 견디지 못하고 손님들을 다시 끌어들이기 위한 새로운 메뉴를 개시한다. 이렇게 한번 개시하다 보면 사람 욕심에 따라 또 새로운 메뉴가 계속해서 나오게 되고 처음 시작할 때의 온 애정을 쏟은 메뉴를 바라보는 마음과 달리 새로운 메뉴가 많아지면 그만큼 정성도 줄고 심지어 싫어하는 음식은 간도 안보게 된다.

그렇게 그냥 손님 상으로 나간다. 한 메뉴만 고집하는 뚝심이 바로 대박으로 가는 길인데 말이다.

메뉴 단일화가 중요한 이유는 노동의 차이이다. 메뉴가 많을수록, 조리가 복잡할수록 노동 강도는 엄청나게 증가한다. 요식업은 일이 굉장히 많다. 필수적인 것만 꼽아도 재료 사오기, 재료 손질, 장사 준비, 냉장고 정리, 요리, 조리도구 정리, 설거지, 서빙, 홀 치우기, 업장 청소인데 식당 인원이 적을수록 다 혼자 해야 한다. 식당은 아침부터 저녁까지 장사하는 경우가 많기 때문에 낮 시간 대부분은 영업에 써야 하고 다른 일들은 식당 문을 닫고 나서 본인의 여가시간을 포기한 채 나머지 절차를 하게 된다. 즉 매일이 일의 연속인데 심지어 거의 대부분의 식당들은 주말도 없이 일해야 한다. 문자 그대로 1년 365일 24시간을 잠자는 시간 빼고는 일에 매달려야 한다. 아무리 좋은 재료를 사용해 좋은 레시피로 좋은 음식을 만든다고 하여도 노동 강도가 세질수록 맛과 서비스의 악화로 이어질 수밖에 없다.

그리고 손님들에게 박힌 이미지는 무시 못할 정도로 중요하다. 한두 가지 대표 메뉴를 갖고 그것을 잘하는 집이라고 인식되면 사람들은 그것을 먹으러 가게까지 찾아온다. 처음부터 너무 많은 메뉴로 시작한다면 주방에서의 동선도 복잡해지고 손님들에게 가게의 이미지를 심어주기에 적합하지 않은 면이 있다. 수익적인 부분에서 문제가 된다면 상호보완이 가능한 잘 어울리는 메뉴로 구성하는 편이 좋다. 또는 추가메뉴, 사이드 메뉴를 두어 수익 구조를 개선해야 한다. 중요한 것은 대표 메뉴와 사이드끼리 영역 침범은 절대 있어선 안 된다.

하지만 '한 가지를 고집하는 뚝심' 그것을 유지하는 것이 얼마나 어려운 가. 그래서 그 자리를 지키고 한 가지 메뉴를 유지하는 그러한 가게가 인정을 받고 역사가 된다. 온갖 화려한 언변으로 자리를 얻고 거래를 하더라도 1년도 버티지 못하고 몇 개월 만에 가게 자리나 판매 종목을 바꾸는 사람들이 있다. 장사를 하려면 적어도 최소 몇 년은 그 자리에서 장사할 생각을 하고 시작해야 하는데 일주일, 한 달만 장사해보고 다른 장소로 떠나는 사람들. 회사를 다녀도 3개월 만에 이직하고 퇴사하고, 사람을 사귀어도 한두 번 만나고 헤어지는 사람들. 이런 사람들은 장사를 하면 안 된다. 장사를 하려고 마음 먹는다면 적어도 최소 몇 년을 바라보고 그 자리를 지켜나갈 각오가 필요하다.

가게를 열었으면 기다려야 한다. 사람들이 우리 가게를 기억하고 언젠가 찾아오기 시작할 때까지 기다려야 한다. 그동안 나는 꾸준히 나의 가게를 알리고 홍보해야 한다. 돈을 들여 광고를 내고 하는 게 아니다. 기본은 매일 그 자리를 지키며 사람들에게 인사하고 손님을 맞이하고 장사를 하면 된다. 하루에 단 한 명이 오더라도, 두 명이 오더라도 똑같은 서비스로 우리 가게의 특색을 살려 장사를 하면 된다. 나머지는 손님들이 해주고 우리 가게가 사람들 속에서 뿌리를 내린다.

장사를 하는 건 돈을 받고 상품을 파는 게 전부가 되어선 안 된다. 우리 가게에 오는 모든 이들과 이웃이 될 수 있다는 마음가짐이 필요하다. 우리 가게가 있는 골목이 사라질 것이라 해도 재빨리 대처하지 않아야 한다. 남들이 떠나도 내가 남으면 손님들은 나를 기억하기 때문이다. 가게가 줄어든다고 손님도 줄어드는 것은 아니다. 어느 자리에 영원히 있을 순 없다. 하지만 손님이 있을 때까진 있어야 한다. 만약 내가 기억하는 가게가 있어서 오랜만에 갔는데 그 가게가 없어졌다면 왠지 모를 실망감이 크게 다가온다. 우리 가게를 찾는 손님도 나의 그 기분과 같을 것이다. 손님이 기억하고 다시 찾아올 때까지 최대한 머무르자. 오래 머무는 만큼 손님들이 나를 믿는다.

# 30년이 훌쩍 넘은 오래된 가게들

blog.naver.com_lv5photo

한성돈까스

1986년 개업해 2대째 전통을 이어오고 있는 신사동 한성돈까스.

두툼한 돈까스 고기가 특징인 이곳은 두꺼운 고기를 더 극대화 시키는 기름

을 쫙 뺀 튀김옷이 맛의 중요한 디테일을 구성한다. 단출한 외관과 분위기 속

에 전통의 맛 비법이 30년을 이어온 비결이다. 기본이 10년 이상된 단골들이

북적거리는 식당의 특징은 맛집을 찾아다니는 젊은 층에게도 이미 알려진 핫

플레이스다. tvN 수요미식회에도 나와 인정받은 전통 맛집이다.

자매집

올해로 40년이 된 자매집은 간판 이름처럼 두 자매가 광장시장 옆 좁은 골목의 5평 남짓한 가게에서 시작했다. 육회를 굉장히 저렴한 가격에 판매하여 반주를 즐기는 어르신들부터 친구들과, 데이트코스로 광장시장을 찾는 젊은 사람들까지 줄을 서지 않으면 들어갈 수 없는 맛집이다.

# ep.1

# 지효의 이야기

노포(老鋪) 식당.

대대로 물려 내려오는 식당이라는 의미이다.

오래된 식당은 그 가게 자체가 하나의 역사가 되어

명맥을 유지해 내려오고 있다.

서울시 종로구 견지동.


지효가 어제 받은 아르바이트비로 식사를 한 끼 사겠다고 한다.

그래서 지금 거리에 서서 임지효를 기다리고 있는데, 왜 안오는 건지!

아르바이트 시간에는 한 번도 늦은 적이 없으면서,

사람을 왜 길거리에 세워두는지 모르겠다.


지금 서있는 곳은 '농협종로금융센터'.

이 건물은 한눈에 봐도 현대식 건물은 아닌데,

머릿돌을 보니 1926년 지은 건물이라고 한다.

지금은 농협이 소유하고 있으나,

2002년부터 근대 건물로 지정되었다고 한다.

확실히 옛날 시대극에 나올 법한 외관이긴 하다.

"사장님~!"

멀리서 지효가 뛰어온다.

"에고에고 사장님, 늦어서 죄송해요,

 전철에서 깜빡 잠들어서 한 정거장 지나쳐 버렸어요."

지효가 얼굴 앞으로 두 손을 모으고 합장자세로 얘기를 한다.


"그래도 오늘은 제가 밥 사는 거니깐 봐주실 거죠."

이 녀석 넉살은 알아줘야 한다.

"덕분에 이 근대 건물의 역사에 대해 줄줄 외웠다. 아~~주 유익했어."라고

대답해주며 발걸음을 뗀다.


방금 말한 '이 건물' 농협 건물 옆으로 조금만 가면,

'이문설농탕' 간판이 보인다.

1904년에 개업을 한 역사 찬란한 노포로

서울에서 첫 음식 장사를 시작한 곳으로 알려져 있다.

즉 서울시 허가 1호 음식점이란 말씀.

무려 김좌진 장군의 아들 김두한과 남로당의 박헌영, 마라토너 손기정 선수

등이 이 집의 단골이었다고 하니 이 식당에 들어서는 것만으로도

내가 그 시대로 타임슬립하는 듯한 느낌을 받는다.

그 시절 역사 속의 인물들과 같은 자리(테이블은 교체가 되었겠지만)에 앉아

같은 음식을 먹는다니, 새삼 느낌이 새롭다.

"와 간판이 옛날 주막집 같은 느낌인데요."

지효가 두리번거리며 가게로 들어선다.

가게를 들어서면 훅 끼치는 눅진한 고기 삶는 냄새.

수십 년이 넘게 켜켜이 냄새가 쌓여

이제 이 건물 자체가 음식의 향기를 내뿜고 있다.


"여기 온갖 유명한 데서 선정은 다 됐네요~. 맛집 인정."

지효가 입구에 붙은 스티커를 가리키면서 말한다.

입구 문에는 '서울미래유산', '미쉐린가이드', '블루리본' 등등

다양한 인증업체의 스티커가 줄지어 무심하게 붙어있다.

노포의 명맥에 맞는 대접을 받고 있다고 해야 할지, 어떨지.


"사장님, 여기 앉을까요?"

지효가 가운데 빈 테이블을 가리킨다.

"그래."

"저기 어항이 너무 엄청난데요, 어항이 아니라 수족관인가."

가게 한가운데에 떡하니 자리 잡고 있는 대형 어항.

황금잉어가 유유히 떠다닌다. 저 잉어는 나이가 얼마나 될까?

저 안에서 이 노포를 오는 모든 손님들을 관찰하고 있을 터였다.

메뉴판은 플라스틱 간판처럼 제작된 것과

벽면에 종이로 부착된 손글씨 메뉴판이 있었다.

손글씨로 정성스럽게 적어 내려간 메뉴판이

노포와 분위기가 더 잘 어울리는 것 같다.


그 옆에는 옛날 신문에 실렸던 기사들을 오려 붙여놓았는데,

날짜를 보니 1987년이다.

내가 막 걸음마를 할 무렵인가, 임지효는 세상에 있지도 않을 때다.


"사장님, 뭐 드실래요?"

특 2인분을 주문한다. 이문설농탕의 '특'과 '보통'의 차이는

'특'이 고기를 훨씬 많이 넣어준다고 한다.

그리고 여러 부위의 고기를 넣어준다고 하니 당연히 특으로 먹어야지!

식탁 위에는 반찬은 큼직한 무김치와 배추김치,

그리고 식탁 한쪽에는 고춧가루와 소금, 앞접시와 수저,

휴지와 파가 준비되어 있는데,

파를 담은 플라스틱 그릇이 사무용 연필꽂이 같은데,

떡하니 당당하게 자리를 차지하고 있다.

어쨌든.

듬뿍 들어있는 고기를 양념간장에 찍어먹으면 아주 맛있다.

토렴한 밥과 소면이 뚝배기 안에 함께 말아져 있고

바로 먹기 좋은 뜨끈한 온도감이나 고소한 양지머리, 쫄깃한 머릿고기,

여기서는 마나라고 하지만 소의 비장인 지라, 연하고 담백한 볼기살(우둔살),

다른 내장류에 비해 독특한 조직감과 맛을 가진 소혀(우설) 등이 푸짐하게

들어가 있어서 구성이 아주 만족스럽다.


"와, 맛있네요. 좀 꼬릿할라고 하는데,

 곱창 러버인 저한테는 아주 진국이구만요~."

지효는 머릿고기나, 허파 같은 내장류에 거부감도 없는지 아주 잘 먹는다.

'이문설농탕' 국물이 육수베이스이긴 하지만 간을 전혀 안 한 듯한

심심한 맛이라 취향껏 소금을 넣어먹으면 되지만

담백한 맛을 그대로 즐기는 것도 좋다.

뚝배기 안에는 소면과 밥이 들어가 있는데, 양이 상당히 많은 편이다.


"사장님, 근데 왜 여기 오자고 하셨어요?"

지효가 국을 한 숟갈 떠먹으며 묻는다.

"이 가게는 백년이 넘었잖아.

 백년 동안 장사를 하면서 얼마나 많은 일들이 있었겠어."

"그렇죠, 아무래도 일제강점기부터 6.25전쟁도

근현대 변혁기도 다 거친거니깐."

지효가 끄덕이며 대답한다.

"지금보니 그게 엄청나게 대단한 것 같아.

설렁탕 한 종류로 그렇게 오랫동안 명맥을 이어온다는 거.

내외적으로 고비가 많았음에도 변함없는 음식을 한 상 차려준다는 거."

처음 자리에 앉을 때 내어온 보리차를 한 모금 들이킨다.

"이런 고비들을 넘고 넘은 그 긴 세월의 내공이 너무 어마어마해서,

나 같은 건 명함도 못 내밀 것 같아."

"그렇죠, 이 가게 입장에서 보면,

우리 가게는 이제 걸음마도 못 뗀 신생아 수준일 걸요."

이 녀석이. 이렇게 뼈를 때리다니.


"음. 내가 너무 어렵다고 호들갑을 떨었나.

마치 하루아침에 뭔가 승부를 볼 것처럼."

"멀리 보면 그럴 수도 있지요.

그런데 이 가게도 지금에서야 뒤돌아보며

'아, 험난했지'라고 덤덤하게 회상할 수 있지만

그 당시에는 얼마나 힘들었겠어요. 안 그래요?

그러니깐. 우리 가게도 잘 되어야 하지만,

지금 당장 어려운 것도 맞으니깐.

사장님이 스트레스 받고 고민하시는 것도 당연한 거예요."

위로인가. 격려인가.

"그, 그래 고맙다."

"고맙기는요, 어차피 사장님 가게고

사장님이 짊어지고 가셔야 하는 문제들인데요."

물끄러미 지효를 바라본다...... 위로도 격려도 아니었구나.


"근데 사장님, 여기는 어쨌든 육수베이스는 결국 하나인 거잖아요?

거기에 양을 많게 할거냐, 아니면 어떤 부위를 먹을 거냐,

결국 그것만 결정하면 되는 거라서 주방 입장에서는

재료준비나 재고관리가 쉽지 않을까요?"

지효가 먹던 숟가락질을 멈추고 얘기를 꺼낸다.

"그렇지. 아무래도 식당은 재고관리가 잘 돼야 하니깐.

특히나 여름엔 상할 수도 있고, 또 이런 내장 부위 고기들은

신선도가 생명이니깐."

정훈이 대답한다.

"그래서 말인데요 사장님,

아무래도 우리 가게도 메뉴를 좀 줄여서,

선택과 집중을 하면 좋을 것 같아요."


지효는 어렸을 때부터 집안 형편이 넉넉하지 않아

어머니께서 식당에서 주방일을 하셨다고 했다.

그래서 학교를 마치면 늘 어머니가 계신 식당 뒷문 근처에서

빈그릇들을 갖고 놀이를 하곤 했다며,

지금은 부모님이 자신들의 가게를 열어 운영 중이시라고 했다.

어린 시절부터 식당 근처에서 눈으로 보고 들은 게 많아

자연스럽게 체득해서인지

이론으로 나름 중무장했다고 생각했던 나보다 예리한 구석이 많다.


"선택과 집중? 메뉴를 줄이자고?"

정훈이 반문한다.

"네에, 지금은 미트볼에 해산물 리조또에 치즈피자에 심지어

어린이 메뉴에 김치볶음밥까지 있으니깐

각각 재료가 다 따로 필요하잖아요."

지효가 계속 말을 이어간다.

"그러니깐 메뉴를 좀 줄여서 버려지는 식재료 양도 좀 줄이고

음식 서빙 시간도 줄일 수 있고요."

맞는 말이긴 하다. 하지만 있던 메뉴를 없애는 게 어디 그리 쉬운 일이던가.

"그러다가 없앤 메뉴를 찾는 사람이 있으면? 꼭 있다니깐 한두 명씩?"

"물론 있겠죠. 그런데 손님들이 찾는 메뉴면 다 만들 거예요?

메뉴에 프라이드를 갖고, 가짓수는 적어도 맛은 최고라는 걸

음식으로 보여주면 되지 않을까요?"

정훈은 일리가 있다는 듯 고개를 여러 번 끄덕거렸다.

# 2.

# 하나의 레시피, 다양한 재료

메뉴를 단일화 하는 것이 불안하다고 느껴진다면 다른 또 하나의 방법은 그 하나의 메뉴를 커스터마이징화 하는 것이다. 고객의 요구에 따라 제품을 만들어주는 일종의 맞춤제작 서비스를 말하는 커스터마이징은 서로 개성을 인정하며 시대에 따르지 않고 소신을 지키며 자신의 취향을 굽히지 않는 현 세대들에게 가장 안성맞춤인 서비스일 것이다. 서로의 입맛에 따라 같은 음료라 하더라도 자신의 음료로 커스터마이징 하여 먹는 것을 선호한다.

가장 대표적으로 서브웨이를 생각해볼 수 있다. 서브웨이는 샌드위치 하나만을 파는 가게이다. 하지만 다양한 샌드위치를 판매하는 것이 가능한 이유는 이 커스터마이징을 전략적으로 이용하기 때문이다. 서브웨이 창립자 프레드 드루카(Fred DeLuca)가 첫 서브웨이 매장을 열었을 때 초기 자본금 1,000달러 한국 돈으로 약 100만원 남짓이었다. 소자본으로 시작한 서브웨이는 어떻게 미국에서 가장 많은 점포를 가진 패스트푸드 회사가 될 수 있었을까?

서브웨이  Irki_yEDN7bJYUwtyui_EZ_kE-QY

서브웨이는 '건강'과 더불어 '선택'이라는 요소에 집중했다. 고객들이 직접 빵은 무엇으로 할지, 어떤 야채를 추가하고 뺄 것인지, 소스는 어떤 것을 뿌릴지까지 모두 선택할 수 있게 했다. "토마토 많이 넣어주시고요, 오이랑 피클은 빼주세요. 할리피뇨는 절반만 넣어 주세요!" 구체적인 주문이 가능한 것이다. 자신이 원하는 신선한 야채를 눈 앞에서 선택하고 조리하는 모습까지 고객이 바라볼 수 있게 한 인테리어 또한 건강한 샌드위치를 먹을 수 있는 곳이라는 이미지를 만드는데 큰 기여를 했다. 결과적으로 서브웨이의 전략은 성공적이었다. 미국 패스트푸드 프랜차이즈 시장에서 서브웨이는 가장 많은 점포 수를 갖게 되었다.

커스터마이징으로 유명한 커피전문점이 있다. 바로 스타벅스이다. '스타벅스에 익숙해지면 다른 카페를 못 간다'라는 말이 있듯이 한 번 빠지면 헤어나올 수 없는 음료 커스터마이징과 세심한 고객 맞춤형 서비스를 제공한다. 일명 스덕(스타벅스+덕후)라는 용어까지 만들어내 스타벅스에 충성하는 고객 유치에

성공하였다. 성공적인 전략 중에 음료 커스터마이징을 빼먹을 수가 없는데 모든 음료를 자신이 원하는 대로 시럽의 양, 에스프레소 샷의 양, 우유 종류를 선택할 수 있다. 얼음과 물의 양 또한 정할 수 있고 휘핑의 양과 종류, 드리즐 등 음료에 추가하거나 제외할 수 있는 재료들이 존재한다. 이렇듯 섬세하게 자신만의 다양한 음료를 만들어 먹을 수 있게 시스템을 구축한 스타벅스는 더 나아가 애플리케이션에 자신만의 음료 레시피를 저장할 수 있는 기능을 만들었다. 주문할 때마다 나만의 그 레시피를 읊을 필요를 줄이고 애플리케이션을 통해 바코드로 편하게 주문이 가능한 것이다. 적극적으로 커스터마이징을 이용할 수 있는 수단을 만들고 있다. 고객들은 서로의 레시피를 SNS에서 자유롭게 공유하고 스타벅스 정보를 알려주는 SNS 계정을 팔로우 하여 레시피 정보를 구하기도 한다.

1인 가구 증가에 따른 '나만을 위한 소비'가 확산되면서 일시적 유행이 아닌 하나의 라이프 스타일이 되어 스타벅스의 상징과도 같았던 '커스터마이징 서비스'가 최근 식음료 업계의 새로운 트렌드로 자리잡았다. 가성비가 좋으면서도 소비자들의 세분화된 니즈까지 충족시킬 수 있어 반응이 좋다.

# ep.2

# 지효의 이야기

-사장님 저 지금 출근 중인데, 커피 드실래요?

출근시간 30분 전쯤 지효에게 전화가 걸려왔다.

"커피?"

-네, 제가 스타벅스 쿠폰이 생겨서 사장님 것까지 트윽~별히 사서

들고 가려구요.

"아 그래? 그럼 나는 시원한 아이스 아메리카노."

-와. 사장님, 날이면 날마다 오는 커피 제안이 아닌데

그냥 아이스 아메리카노를 드시겠다구요?

"아이스 아메리카노가 왜?"

정훈이 의아한 듯 물었다.

-아니에요. 알겠습니다~ 사서 금방 갈게요.

지효가 대답하고 전화를 끊었다.

15분 후 커피를 들고 지효가 등장했다.

"자, 여기 있어요, 사장님."

"야~ 와, 고맙다! 잘 마실게."

정훈이 아이스 아메리카노를 받아들고 크게 한 모금 마셨다.

그런데 지효의 커피를 보니 뭔가 어마무시한 음료가 담겨있다.

"니가 마시는 건 뭐야? 커피가 아니야?"

정훈이 지효의 컵을 가리키며 물어본다.

지효의 컵은 일회용 둥근 뚜껑까지 꽉 차서 위로 삐져나올 듯이

뭔가 아이스크림 같은 것이 잔뜩 들어있다.

"아 이거요? 이거는 제 최애 메뉴! 바로 '페레로로쉐 프라푸치노'예요 짠!"

지효가 자기 컵을 정훈 쪽으로 쭉 밀어보여주며

정말 맛있어 보이지 않냐는 눈빛으로 말한다.

"페레....푸치...뭐?"

"와 사장님, 겉만 젊어보이지 완전 아저씨.

이거 모르세요? 스타벅스 악마의 레시피."

"처음 들어보는데?"

"이거는 커스텀 메뉴예요. 자기가 원하는 대로 추가주문을 해서

만들어 먹는 건데, 아, 물론 추가한 엑스트라 같은 거는

다 추가비용이 있구요,

음... 칼로리는... 별로 생각하고 싶지 않은 날 큰맘 먹고 주문해서 먹어요.

가령 시험이 끝난 날이라든가."

"메뉴판에 없는 걸 주문한다고?"

"네네, 맞아요. 마치 식당에서 주인이 자기만 먹으려고 몰래 빼놨던

특수부위를 단골에게만 슬쩍 내어주듯이요. 하하."

"프랜차이즈인데 개인 취향을 다 맞춰서 주문 제조를 해준다고?"

"그렇다니깐요. 이 '페레로로쉐 프라푸치노'는 어떻게 만드냐면,

자바칩 프라푸치노라는 기존 메뉴에

헤이즐넛 시럽 2번, 모카 시럽을 3번 펌핑해서 넣어요,

그 다음 그 위에 휘핑크림을 얹고 헤이즐넛 드리즐을 추가해요.

이건 모카와 헤이즐넛과 초코가 완벽 하모니를 이루는

미미(美味)의 극치라고요."

열변을 토하며 설명하는 지효와 달리 정훈은 그래 그런게 있냐는 반응이다.


"너네는 커피 한 잔도 다 그렇게 제조를 해서 먹어? 자기 입맛대로?

그럼 가게에서 싫어하지 않아?"

"아니 요즘이 어떤 세상인데, 오히려 이런 레시피를 개발해서

널리널리 퍼뜨려주는 걸 더 좋아하면 좋아했지.

거절하면 진짜 말도 안되는 거죠~.

그리고 이것저것 조합해서 먹는 재미도 있고요."

"음 그래. 그렇구나."

정훈은 씁쓸한 아이스 아메리카노를 또 한 모금 들이켰다.

"그래서 말인데요, 사장님."

"응?"

"우리도 레시피 조합 메뉴를 만들어 보면 어떨까요?"

"레시피 조합?"

• • • • • • • • • • • • • • • • • •

지효의 설명은 이러했다.

일반적인 단일메뉴 외에 나만의 커스텀 메뉴를 만들어서

내가 원하는 면 종류와 익힘 정도,

그리고 소스 종류와 들어가는 토핑도 내가 선택할 수 있게끔.

아, 물론 파스타 재료로 생소한 '수육을 올려주시고요' 같은

얼토당토 않는 토핑 종류가 아니라,

이미 기성 메뉴에 사용되는 재료들을 나열해 거기서 고르게 하자는 거였다.

예를 들면 이런 것.

"링귀니 면에 올리브오일은 조금만, 마늘은 빼주시고요,

크림소스에 바지락과 그릴드쉬림프 토핑 추가,

아! 파슬리도 빼주세요, 그리고 페퍼론치노 가루 약간."

이런 식으로 주문을 한다는 얘기다.


"근데 지효야, 파스타는 소스와 면이 궁합이 맞아야 해.

'넓은 면에는 미트소스, 가는 면에는 올리브오일'이라는

암묵적인 룰이 있어, 우리나라도 잔치국수는 소면,

짜장면은 중면, 칼국수는 납작면 뭐 이런 딱 정해져 있는

공식 같은 게 있잖아. 그런 것처럼."

지효는 알겠다는 듯 고개를 끄덕이며,

"그건 맞아요, 근데 우리가 막 정통파 이탈리안 요리를 하는 것도 아니고,

선택의 폭을 넓혀줌으로써 메뉴를 고르는 손님들에게 재미를 줘도

좋지 않을까요? 오늘은 이 면에 이 소스와 토핑을 조합해서 먹었는데,

다음에는 면을 바꿔볼까? 아니면 소스를 바꿔볼까? 하면서

재미로 한 번 더 올 수도 있는 거고, 그게 귀찮고 싫은 사람들은

그냥 기존 메뉴를 시키면 되는 거구요."

역시 언제나 명쾌한 지효였다.

# 3.

## 취향 저격 인테리어

매장의 매력을 비교적 쉽게 내보일 수 있는 분야는 무엇일까? 바로 인테리어다. 국내에서도 외국을 느낄 수 있고, 도시 안에서 휴양지에 온 것처럼 느끼게 해주며, 현대 사회에서 과거로 시간 여행을 온 것처럼 느끼게 만들 수 있는 것이 바로 인테리어이기 때문이다.

서울 합정동에 위치한 카페 '어반플랜트'는 카페 입구에서부터 커피 볶는 향보다는 꽃과 나무 향기가 은은하게 퍼진다. 카페 안에는 고무나무, 필로덴드론, 드라세나 등 잎이 화려한 관엽식물 화분 수백 개가 곳곳에 놓여있다. 마치 식물원에 온 듯한 착각을 일으키기에 충분하다. 서울 마포구와 강남구를 중심으로 식물원 같은 카페 일명 플랜트 카페가 늘어나고 있다. 최근 초고층 빌딩이 밀접한 도시 한복판에 플랜트 카페가 들어서며 삭막한 도시 속에서 미세먼지와 스트레스에 시달리는 사람들에게 자연을 느낄 수 있는 욕구를 충족시켜 주며 큰 인기를 얻고 선호도 커지고 있다. 멀리 나가지 않아도 자연에서 쉴 수 있고 숲에서 일하는 느낌을 주는 공간을 인테리어를 통해 만들어 낸 것이다.

 압도적 규모와 웅장함을 담아 자연을 닮은 디자인으로 식물원에서 커피를 즐기는 느낌을 내는 '포레스트 아웃팅스' 카페도 있다. 이 곳은 유럽 미술관의 건축양식을 벤치마킹하여 고객들의 동선을 배려해 실내 조경을 하였고 의자와 테이블, 직원들의 유니폼까지 자연친화적으로 꾸몄다. 1층은 분수와 구름다리, 사람보다 높게 자란 식물들이 자리를 잡아 들어오는 손님들을 맞이한다.

www.mangoplate.com

또 다른 손님 발길을 사로잡은 인테리어 키워드는 '감성 인테리어', 낡고 고풍스러운 느낌을 주는 '빈티지'와 '레트로'가 대세이다. 을지로, 익선동, 성수동 등 최근 인기 상권에 위치한 매장들 분위기만 살펴봐도 쉽게 알 수 있다.

서울에서 가장 오래된 한옥단지 '익선동'은 태생부터 레트로다. 익선동 가게들은 낡은 기와와 목재 기둥 등 100년 한옥이 주는 정취를 인테리어에 적극 활용한다. 신라호텔 셰프 10년 경력의 요리사가 운영하는 퓨전요리 한옥 레스토랑 '익선디미방', 프리미엄 소주와 막걸리 등을 파는 '익선반주', 수제맥주 전문점 '에일당' 등이 유명하다.

'힙스터 성지'로 떠오른 을지로 상권의 성공은 레트로와 떼려야 뗄 수 없다. 다 쓰러져 가는 낡은 인쇄골목 이미지를 역으로 활용해 인기를 얻었다. 대표적인 성공 사례는 을지로 '간판스타'로 떠오른

'커피한약방'이다. 연극배우 겸 목공예 장인인 강윤석 대표가 을지로 낡은 건물을 둘러보던 중 1950년대 분위기를 내는 카페를 구상해냈다. 개화기를 연상시키는 커피숍 내부에는 자개장, 오르간, 괘종시계 등 예스러움을 물씬 풍기는 소품들로 가득하다.

대림창고 https://gormey.com_detail

최근 가장 핫한 상권 중 하나인 성수동. 랜드마크로 떠오른 '대림창고'가 대표적이다. 1970년대 정미소, 1990년대 물류창고로 쓰였던 낡은 벽돌 건물은 2011년 카페와 갤러리 등으로 채워진 복합문화공간으로 재탄생했다. 대림창고 성공에 힘입어 성수동은 옛 벽돌집이나 오랜 공장

건물을 리모델링해 활용하는 '빈티지 매장'의 집결지로 거듭났다. 블루

보틀 1호점이 성수동 벽돌집에 자리 잡게 된 것도 우연이 아닌 셈이다.

블루보틀 https://blog.naver.com/hyon1216/222024704416

조양방직 https://blog.naver.com/justicepks/222019533791il

이 밖에 강화도 방직공장을 개조해 만든 대형 커피숍 '조양방직', 서울 삼각지 100년 넘은 적산가옥을 리모델링해 만든 고깃집 '몽탄' 등도 감각적인 인테리어로 입소문을 타고 승승장구 중인 레트로풍 가게다.

몽탄 https://blog.naver.com/dalcome84/221958905256

ep.3

지효의 이야기

점심 장사를 마치고 브레이크 타임이라

각자 편한 자리에서 쉬고 있는데,

지효가 이리저리 돌아다니면서 휴대폰으로 뭔가를 찍고 있다.

그런데 뭐가 마음에 들지 않는지 미간에 잔뜩 주름을 만들었다.


"사장님."

"응?"

지효가 휴대폰을 들고 오더니, 정훈에게 들이민다.

"지금 이 사진들 좀 보세요."

지효의 휴대폰에는 가게 여기저기를 다양한 각도로 찍은 사진들이 있다.

"이게 뭔데?"

"지금 우리 가게 인스타 계정을 따로 만들어서

가게 사진을 올리려고 하는데, 사진으로 찍어놓고 보니

새삼 인테리어 너무 요즘 느낌은 아니지 않아요?"

지효가 찍은 사진은 가게 장식장, 테이블 매트, 창문 밖에서 바라보는

가게의 내부 모습 등이다.


"요즘 느낌이 아니라고?"

정훈은 사진을 넘겨가며 말한다.

"솔직히 요즘엔 이런 인테리어 별로 없어요~.

사장님은 너무 바쁘셔서 다른 가게들 돌아 볼 틈이 없으시죠?

누가 요새 원목 의자에 리본으로 묶어서 고정하는 방석을 사용하냐구요."

지효가 빨간색 체크무늬에 테두리에 레이스프릴이 달린 방석 방향으로

손가락질을 하며 말했다.


"저게 어때서? 저것도 다 컨설팅 받아서 일관된 컨셉 하에 그렇게 한거야."

지효가 뻗은 손가락을 거두지 않은 채 물었다.

"일관된 컨셉이요? 무슨?"

"프로방스풍. 목가적이고 아늑하고 유럽 시골 같은 분위기."

정훈이 단호히 대답했다.

지효가 뒷목을 잡는 시늉을 하며 말한다.


"아..그러니깐, 그게 거기서부터가 문제라니깐요...

요즘 애들이 누가 이런 인테리어를 좋아하냐고요,

요즘 인스타보면 사진 찍기 좋은 가게들로 사람들이 몰리는 게

확연히 보이잖아요.

배경이 예쁘고 고급스럽고 세련되고, 무엇보다 내가 예쁘게 나오는!"

지효가 '셀카가 예쁘게 나오는'을 강조하며 말했다.

정훈도 질 수 없었다.

"음식의 종류와 플레이팅, 그리고 거기에 어울리는 가게 인테리어.

이게 다 일관성이 있어야 해."

지효도 질세라 말한다.

"그렇죠! 우리나라에서 스파게티가 무슨 국밥이나 전통음식도 아니고,

어쨌든 외국음식처럼 폼잡고 싶을 때, 소개팅 할 때, 데이트 할 때,

그냥 예쁘게 먹고 싶을 때 1번으로 생각나는 데가

바로 파스타집 아니겠느냐구요."

정훈은 이번에는 별다른 대답없이 일단 뭐라는지 들어보자 하고 있다.


"…"

"그러면, 최소한 '촌스럽다', '정감있다', '동네 음식점' 이런 게

키워드로 검색이 되면 안된다구요.

'세련된', '조명이 잘 받는', '예뻐 보이는' 혹은 '사진이 예쁘게 나오는',

'옆테이블과 거리가 멀어서 얘기하기 편한' 이런 키워드들이

더 필요하지 않을까요."

"그러니깐… 지금 인테리어를 바꾸는 게 좋겠다는 얘기인 거지?"

"네… 제 의견은 그렇다는 거죠."

"그러면, 너네들 또래가 잘 가는 가게들은 어떻게 인테리어를 했는데?"

"음~ 잠시만요."

지효가 휴대폰으로 뭔가를 재빠르게 검색한다.

"여기 이거 보세요."

지효가 내민 사진에는 '롤링파스타'라는 이름이 적혀진 간판과

파란색 외관 건물이 있다.


"여기가 요즘 그래도 유명한 곳인데요,

백종원 요리사님이 만든 체인이라 유명한 것도 있지만,

플레이팅이나 가게 외관이나 인테리어를 보면

너무 요즘 스타일로 깔끔하게 되어있거든요."

정훈이 여러 사진들을 찬찬히 훑어보기 시작한다.

롤링파스타 blog.naver.com/0_805/221819758038

입구 사진에는 포크와 알파벳 R을 절묘하게 디자인한 로고와

'이탈리안 파스타의 캐주얼한 해석'이라는 설명을

멋스런 종이에 걸어두었고,

전체적으로 남색, 흰색, 회색의 삼색이 깔끔하게 조화를 이루는

디자인이었다.

타일도 다양한 모양과 패턴을 사용해서 재미를 주었고,

의자와 테이블도 서로 비슷하지만 같은 모양은 아닌 것들이 배치되어

지루하지 않게 꾸며져 있었다.


무엇보다 흰색 그릇 일색인 정훈의 가게와는 다르게

음식마다 화려한 패턴의 접시들에 플레이팅이 되어있었고,

손님들이 찍어올린 여러 사진들에도

그 화려함이 돋보였다.


"음. 여기가 요즘 핫한 가게라는 거지?"

"네, 저렴한 가격에 맛이 보장되는 백종원 체인이라는 특징도 있지만,

어쨌든 인테리어나 음식 플레이팅 자체로도 너무 이슈가 되고 있으니깐요."

"그렇구나."

정훈이 한참 사진을 들여다 본다.

"메뉴는 비슷한 것 같은데, 진짜 전체적인 가게 느낌이 좀 많이 다르네.

커피숍 같기도 하고, 브런치카페 같기도 하고."


"요즘은 그런 공식에서 벗어난 가게들이 인기가 있는 것 같아요.

중국집은 이런 인테리어, 피자집은 이런 인테리어,

사람들이 흔히 생각하는 그런 가게 디자인 있잖아요.

그런데서 아예 벗어나는 것도 눈길을 잡는 방법 중의 하나라고 생각해요."


"그래, 지효 니 말이 맞을 수도 있겠다."

정훈은 골똘히 생각에 잠겼다.

# 4.

## 고객의 필요와 의도를 파악하라

마케팅에서 니즈(Needs)와 원츠(Wants)라는 개념이 있다. 쉽게 풀어서 설명을 한다면 니즈란 필요에 의한 것이고 원츠는 욕구에 의한 것이라 생각하면 된다. 즉 니즈는 필요한 것이 결핍된 상태를 의미한다. 목이 마르거나 배가 고픈 상태가 니즈에 포함된다. 욕구에 해당하는 원츠는 목이 말라서 마시고 싶은 물이나 음료가 해당하는 것이다. 즉 기본적인 결핍상태를 충족시킬 수 있는 구체적인 수단이다. 동일한 니즈에 대해 고객들마다 원츠는 다르다. 원츠는 개인이 갖고 있는 라이프 스타일이나 개성과 같은 심리적 특성에 크게 영향을 받는다. 한마디로 니즈는 직접적인 신호이고 원츠는 간접적인 신호라 생각하면 된다.

고객의 니즈를 파악하는 것은 고객들 자신도 미처 생각지 못한 숨겨진 니즈를 발굴해 간지러운 부분을 긁어주는 것이다. 지피지기도 백전백승이라고 직접 고객의 입장에서 가게를 바라보는 연습이 반드시 필요하다. 직접 고객의 의견을 듣는 것은 물론 매우 중요한 활동이다. 하지만, '고객이 생각하는 것' 이상을 들을 수는 없다는 한계점이 존재한다. 즉 '고객 본인도 모르는 숨은 니즈'는 파악하기가 매우 어렵다는 것이다. 고객 본인도 모르는 숨은 니즈를 발굴하기 위해서, 고객의 기대를 넘는 멋진 경험을 제공하기 위해서 고객의 행동을 분석하고 반응을 지켜보고 고객의 불편사항을 도출하는 시간을 확보하는 것이 필요하다.

세계적인 화장품 체인인 '세포라'는 모든 매장의 출입구에 일종의 움직임 감지 센서를 설치하여 매장별 방문자 수를 카운트한다. 매장별 방문자 수와 실제 구매 건수를 비교하여 고객들의 구매 비율을 관리할 뿐만

아니라, 매장 내부에서의 고객 체류 시간 등을 바탕으로 어떤 점을 개선해야 더 많은 고객이 제품을 구매할지를 고민한다. 예를 들면, 고객 행동 데이터를 바탕으로 매장의 계산 대기 줄이 고객 동선을 방해하고, 그래서 계산을 위해 줄을 서 있던 고객들이 구매를 포기하고 매장을 이탈하는 경우가 많은지를 분석한다. 아직 그다지 상용화되지는 않았지만, 광고나 포스터를 보는 고객의 시선을 추적해서 고객이 해당 콘텐츠에 얼마나 관심을 보였는지, 어떤 포인트에 관심을 가졌는지를 확인하는 기술도 이미 구현되어 있다.

쇼핑을 하러 쇼핑몰에 들어가도 각 여러 브랜드의 옷을 구매하기 위해 브랜드마다 매장을 둘러보고 돌아다녀야 한다. 쇼핑 자체가 재미있어 시간이 가는 줄도 모르고 돌아다니는 사람도 있겠지만 대부분의 사람들은 지체되는 시간과 체력적인 한계 때문에 여러 곳을 돌아다니며 쇼핑 하는 것을 힘들어한다. 여러 브랜드를 한번에 둘러보고 싶지만 그러기엔 다리도 아프고 시간도 너무 오래 걸려 힘들다는 니즈를 파악하고 새로운 형태로 나타난 가게가 바로 편집숍 형태의 매장들이다. 편집숍이란 멀티숍, 셀렉트숍, 컨셉트스토어 등 다양한 이름으로도 불리며 한 매장에 2개 이상의 브랜드 제품을 모아 판매하는 유통 형태를 의미한다. 고객들이 자신의 취향에 맞는 여러 종류의 물건을 한 곳에서 구매할 수 있게 한 것이다. 편집숍의 예로는 다양한 브랜드의 신발을 모아서 판매하는 'ABC마트'와 속옷 편집숍 '엘라코닉' 등이 있다.

post.naver.com_my.nhnmemberNo=1972782

 고객의 행동과 심리를 잘 분석해서 고객의 불편한 점을 해소하려 노력한 서비스로 눈에 띄는 것은 탈모센터 또는 성형외과에서 진행하는 픽업 서비스이다. 요즘 탈모 관련 인식이나 성형 수술의 인식이 전보다는 개방적으로 바뀌었다고는 하나, 당사자의 입장에서 병원에 가는 행위 자체를 부담스럽게 생각하는 고객이 많은 것으로 판단한 업체들은 고객을 집에서부터 센터 혹은 병원까지, 지정된 차량으로 외부 노출 없이 안전하게 모셔오는 차별화된 서비스를 실시하고 있다. 다른 분야들과는 확실히 구분되는 그 분야만의 서비스를 제공하고 있는 것이다.

# ep.4

# 지효의 이야기

홀 서빙 담당 직원 둘이 주방 안쪽으로 들어와

뭔가 자기들끼리 심각하게 얘기 중이다.

손님이 한 차례 빠져나가 한가한 시간이긴 하지만,

정훈은 손님이 부르시면 즉각 반응하여 갈 수 있게끔

손님의 시야 범위에 서 있어야 한다고

항상 홀 서빙 담당 직원들에게 말해두는 터라,

지금 홀에 두 테이블이나 손님이 있는데도

두 명 모두 주방 안쪽까지 와 있는 것이 거슬렸지만,

일단은 손님이 계시니 이따 주의를 줘야 겠다고 생각했다.


정훈은 오늘 영업을 마감하고 홀 정리까지 마친 다음에

지효를 포함한 홀 서빙 직원 두 명을 불렀다.


"아까, 서빙 중에 두 사람이 한꺼번에 홀을 비우셨죠?"

두 사람은 네라고 대답하며 고개를 숙였다. 정훈은 말을 이어갔다.

"제가 분명히 손님이 홀에 계실 때는 손님의 시야 안에 계시라는

당부를 드렸는데요. 기억하시나요?"

"네."

두 사람은 동시에 대답하며 고개를 끄덕인다.

"그런데 아까는 무슨 일이셨나요? 두 분이 한꺼번에 주방에서."

정훈이 두 사람을 바라보며 물었다.

지효 옆에 서있던 새로 온 지 얼마 안 되는 직원이 먼저 말을 꺼냈다.

"아, 그건, 제가 손님 응대하는데 조금 애매한 게 있어서

 지효 선배한테 물어보느라고 잠시 홀을 비우게 되었습니다.

 죄송합니다. 주의하겠습니다."

그러면서 꾸벅 고개를 더 숙인다.

"그래요? 뭔가 문제가 있었던 건가요? 지효씨?"

정훈이 지효를 바라보며 묻는다.

"큰 문제는 아니고요, 손님이 젓가락을 달라고 요청하셔서

 그것 때문에 말이 조금 길어졌습니다. 죄송합니다."

지효가 대답했다.

"그러신가요, 알겠습니다. 앞으로는 주의해주세요.

 오늘 수고 많으셨습니다. 조심히 들어가세요."

정훈이 말하며 가게 외벽 조명 스위치를 껐다.

정훈이 지효와 지하철역 방향으로 걸어가며 다시 물었다.

"애매한 일이 뭐야?"

지효가 들고 있던 우산으로 신발코를 툭툭 치며 말했다.

"아, 별건 아닌데요, 손님이 젓가락을 달라고 하셨는데,

다연씨가 안 된다고 해서 손님이 조금 언성을 높이셨나봐요.

제가 그냥 갖다드리라고 하긴 했는데, 왜 파스타집에서 젓가락을 찾냐고

그 손님이 잘못한 거 아니냐고 묻길래,

혹시 들릴까 봐 안쪽으로 데리고 가서 얘기했던 거예요."

"젓가락?"

정훈이 되물었다.

"네."

"젓가락은 그냥 갖다드리면 되는데, 왜 굳이 안 된다고 했을까?"

지효는 이번에는 우산을 휘휘 돌리며 말한다.

"글쎄요, 다연씨 생각에는 파스타에 젓가락은

규칙이 아니라고 생각을 했나보죠."

"규칙?"

"왜 그런거 있잖아요~, 테이블 매너 같은 것들요.

양식 상차림에서 식기는 바깥쪽부터 사용하고, 물은 어느 쪽,

스프는 어느 방향으로 떠먹고, 냅킨은 어떻게 두고 하는 식탁 예절들.

그런 걸 지켜야 한다고 생각했을 수도 있죠."

"음. 그렇구나.

그런데 젓가락은 충분히 요청할 수 있는 사항이라고 생각하는데.

우리가 의상 코드까지 맞춰야 입장 할 수 있는

호텔 안에 있는 고급 레스토랑은 솔직히 아니니깐."

"그렇긴 하죠. 고급 레스토랑은 아니죠."

지효의 망설임 없는 인정. 정훈은 뭔가 분하다.


"그런데 말이죠, 사장님. 저는 다연씨의 생각이 맞기도 하고

틀리기도 한 것 같아서, 솔직히 어느 쪽으로 얘기를 해야 할지

좀 망설여지긴 했어요."

"맞기도 하고 틀리기도 하다?"

"제 생각에요."

"네 생각은 뭔데?"

"어쨌든 우리는 캐주얼 식당이긴 하지만,

그래도 정확한 테이블 매너를 알려? 아니, 체험? 그것도 좀...아무튼

경험하게 하는 기회를 제공한다고 생각해요."

지효가 우산을 가방 손잡이에 걸어두고 뒷짐을 지며 말을 이어간다.


"사실, 음식을 맛있게 먹는 관점에서 본다면,

식기야 무슨 상관이냐 싶기도 한데요.

파스타는 우리나라 식탁 문화는 아니잖아요.

어쨌든 포크와 나이프를 이용하고, 외국음식이고.

그러면 그 나라의 식기 사용법을 지켜줘야 하는 것도 맞지 않을까요?"

"음. 그건 그렇지."

"보통 사람들은 고급 레스토랑에서 포크 몇 개 스푼 몇 개

주르륵 놓여있는 식사를 하는 일이 자주 있지는 않으니깐

당황스러울 때가 있잖아요? 그러니깐 우리 가게처럼 캐주얼한 식당에서

주눅 들지 않고 자연스럽게 포크 나이프 사용법을 익혀보는 것도

좋은 훈련이 될 거라고 생각해요."

"일리가 있네."

정훈이 고개를 끄덕였다.


"그리고 제가 어디서 글을 읽었는데요,

어느 가난한 집에서 자란 남매가 있는데,

누나가 대학교에 가서 아르바이트를 하면서 힘들게 공부하면서도,

고등학생 남동생을 불러서 레스토랑도 데려가고,

아웃백 같은 프랜차이즈도 데려가고, 평소 먹어보지 못했던 음식들도

여유가 될 때마다 데리고 가서 사줬대요.

그런데 동생이 어느 날 누나한테 묻더래요.

왜 생활비도 빠듯하면서 자기한테 이렇게 비싼, 평소에 잘 안 가던 식당을

데리고 다니는지. 그랬더니 누나가 뭐라고 대답했는지 아세요?"

지효가 걸음 속도를 늦추며 말했다.


"뭐랬는데?"

정훈도 지효와 걸음 속도를 맞추며 물었다.

"그 누나가 이렇게 대답했대요. '너는 당황하지 말라고,

처음 와본 식당이라고 당황해서 실수하거나 긴장하지 말라고.

누나는 대학교 친구들이랑 이런 데 처음 왔을 때,

다들 익숙한데, 나만 혼자 너무 당황했거든'이라고 했대요."

"아~."

정훈이 수긍이 간다는 듯 고개를 여러 차례 끄덕거렸다.


"우리는 어쨌든 최고급 레스토랑은 아니지만,

그래도 다른 나라의 역사와 문화를 뿌리로 하는

외국음식을 파는 곳이니깐, 그 외국의 음식문화를 충분히 경험하게

해주는 것도 어쩌면 의무일 수도 있다고 생각해요."

지효가 가방 손잡이에 걸었던 우산을 움켜쥐고는

"사장님, 저 전철 들어 올 시간이라서 뛰어갈게요~!

내일 봬요~!!! 안녕히 가세요!"라며 뛰어갔다.


정훈은 뛰어가는 지효의 뒷모습을 말없이 바라보았다.

# 4장

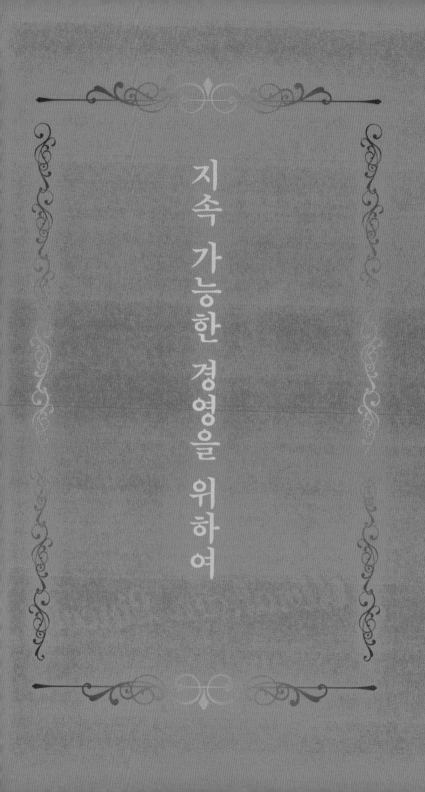

지속 가능한 경영을 위하여

성공하는 것은 본인의 의지가
그 다른 어떤 것보다 중요하다

－에이브러햄 링컨

Abraham Lincoln

# Oscar Wilde

괴로운 시련처럼 보이는 것이 뜻밖의
좋은 일일 때가 많다

_오스카 와일드

# 1.
# 유지 비용 절감 전략

　희망을 품고 다시 시작한 내 가게를 지속 가능하게 만들어야 한다. 사실 창업을 하는 과정에서도 여러 힘듦이 곳곳에 존재하지만 그 과정 동안에는 새로운 시작이라는 희망의 불씨가 그래도 에너지원이 되어 나아갈 수 있게 한다. 하지만 실제 가게를 오픈하고 장사를 시작하다보면 현실을 마주하게 된다. 이제 현실적인 관점에서 내 가게를 지속적으로 유지할 수 있는 방법을 찾고 대비하자.

　자영업자 350명을 조사에 따르면 사업 운영 시 애로사항 중 가장 높은 비율이 '불안정한 매출'이었고 외식업 종사자들은 '높은 고정비용'을 꼽았다. 자영업의 고정비용으로는 임대료, 재료비 등 다양하게 있겠지만 최근 인건비에 대한 근심이 크다.

# 사업 운영 시 어려움들

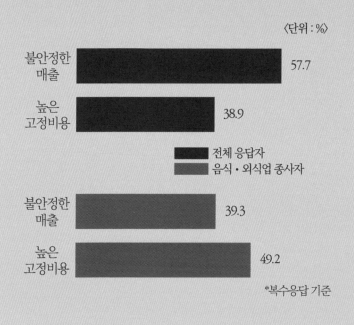

〈단위 : %〉

불안정한
매출 ▮▮▮▮▮▮▮ 57.7

높은
고정비용 ▮▮▮▮ 38.9

▮ 전체 응답자
▮ 음식·외식업 종사자

불안정한
매출 ▮▮▮▮ 39.3

높은
고정비용 ▮▮▮▮▮ 49.2

*복수응답 기준

출처_ 매경이코노미

199

인사노무통합솔루션에서 조사한 2019 인사관리 키워드로 인건비 절감이 뽑힌 만큼 인건비에 대한 고민과 부담이 적지 않은 것이 사실이다.

최저임금이 오르면서 자영업자들의 인건비 부담이 커지고 있다. 임금이 올라가면 사회보험료도 증가하기 때문에 부담이 가중된다. 그런데 당장의 인건비 부담 때문에 과세당국에 신고를 안하면 인건비에 대해 경비 인정을 받을 수 없어 법인세나 소득세가 늘어날 수밖에 없다.

인건비 신고를 제대로 한다면 각종 비과세 감면이나 정부지원금을 받을 수 있어 더 큰 인건비 절감 효과를 볼 수 있다.


인건비를 줄이는 팁으로는 근로자에게 지급하는 급여에서 비과세 수당을 적극적으로 활용하는 것이다. 비과세 수당은 근로자의 급여에서 소득세와 4대보험료를 부과하지 않는 금액인데, 세전 급여가 동일해도 비과세 수당을 활용하여 4대보험료를 적게 낼 수 있다.

기본급도 낮아지므로 근로자 수 10명, 월평균 급여 190만원 미만인 사업장은 '두루누리 사회보험'이나 '일자리안정자금' 등 정부지원금을 받기에도 유리하게 된다.

올해 신규로 두루누리 사회보험을 신청하면 근로자 수 5명 미만인 사업장은 사업자와 근로자의 국민연금과 고용보험료 90%, 건강보험료 절반을 지원 받는다. 5명 이상 10명 미만인 사업장은 국민연금과 고용보험료 80%, 건강보험료 절반을 받을 수 있다.

 매장 안에서 인건비를 절약할 수 있는 방법으로 요식업의 경우 매장을 운영하다 보면 손님이 몰리는 시간과 손님이 없는 시간이 정리가 되기 마련이다.

 거의 식사시간 전후로 손님들이 몰리고 점심과 저녁시간 사이에는 손님이 없다. 그래서 많은 가게들이 3~5시 사이에 브레이크타임을 걸고 아예 손님을 받지 않는다. 그 시간에 영업을 하는 대신 오후 장사의 재료 준비나 직원들의 쉬는 시간을 보장하는 것이다.

 신규로 오픈을 하고 약 2~3주 동안 운영을 하다보면 그 지역 특색에 따라 손님의 유무가 구분되는 시간이 보일 것이다. 매출이 나오지 않는 그 시간에는 휴식을 통해 인건비를 절감할 수 있다.

 하지만 휴게시간은 사장과 직원이 느끼는 감정이 매우 다른 영역 중 하나이다. 따라서 휴게시간을 통한 인건비 절감 방법을 남발하다가 직원들의 신뢰를 잃게 될 수도 있으니 주의해야 한다.

 예전과 일하는 것에 차이가 없는데 휴게시간만 늘어난다면 최저임금 주기 싫어서 사장님이 편법을 쓴다고 생각할 것이다. 쉽게 인건비 문제를 해결하려다가 직원들의 신뢰를 잃게 될지도 모른다.

휴게시간을 진짜 휴게시간으로 인정받고 직원들도 휴게시간이라 느낄 수 있도록 하기 위해선 몇 가지 방법을 따르면 된다.

첫째, 사업장 특성상 드문드문 오는 손님을 맞아야 한다면 조를 나누어서 손님맞이를 안 해도 되는 자유시간을 확보하자.

둘째, 쉬는 공간을 따로 배려해주어야 한다. 룸이 있는 사업장이라면 휴게시간에는 특정 룸에서 쉴 수 있도록 하고 룸이 없는 사업장에서는 파티션을 이용해 직원들이 손님의 시선을 떠나 쉴 수 있도록 배려해주자. 이렇게 근무시간을 조정하더라도 노동시간을 확실하게 줄어준다면 실망감이 많이 해소될 수 있을 것이다.

또 다른 방법으로는 고객의 셀프 이용을 늘리는 것은 어떨까. 물, 물티슈, 식기, 반찬 리필 등 사소한 서비스를 줄임으로 인건비를 절감할 수 있다. 또는 매장 구도를 구성할 때 투자를 통해서 키오스크나 식기세척기 등 무인화, 자동화를 통한 인건비 절감을 할 수 있다.

소비자 입장에서도 키오스크 서비스에 별다른 거부감이 없다. 밀레니엄 세대와 같은 연령이 어릴 수록 언택트가 주요한 소비 트렌드이기 때문에 키오스크를 포함한 무인화를 긍정적으로 받아드리고 있다. 특히 젊은 층과 여성들이 대면접촉을 하는 직원의 응대보다 편리하다는 반응이 많다.

## 키오스크가 편리한 이유 (%)

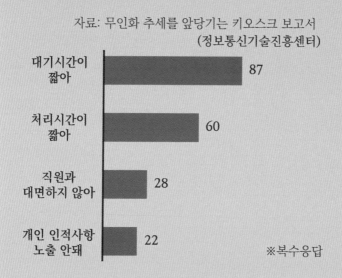

자료: 무인화 추세를 앞당기는 키오스크 보고서
(정보통신기술진흥센터)

대기시간이
짧아 87

처리시간이
짧아 60

직원과
대면하지 않아 28

개인 인적사항
노출 안돼 22

※복수응답

외식 분야의 키오스크 도입은 대형 햄버거 업체들이 주도했다. 이들 대부분은 계산대 대기시간 축소 등 고객 편의 확대를 이유로 경쟁적으로 키오스크 시스템 도입을 확대하고 있다.

키오스크에 적합하게 메뉴가 표준화돼 있고 본사가 대형 자본과 지배력을 갖고 있어 직영점포를 통해 시험할 수 있어서 도입이 용이했다. 지난해부터 키오스크 시스템을 도입한 한솥도시락은 올해 키오스크 시스템을 본격 확대할 계획이다.

한솥은 키오스크 시스템을 공급하는 한국전자금융과 함께 월 10만~15만 원의 비용으로 렌트해주는 서비스까지 개발했다.

이와 함께 영세한 자본의 독립창업 분야에서도 키오스크 도입이 확산되고 있다. 키오스크 시스템의 가격이 400만~600만 원이어서 초기 비용 부담이 있지만, 한 해 1~2명분의 인건비 절약 비용만으로도 초기 비용을 충분히 뽑을 수 있기 때문이다.

이 때문에 돈가스·라멘·카레 등 키오스크 시스템이 미리 도입됐던 일본 음식점 등을 창업하는 소규모 점포들이 키오스크를 앞다퉈 도입하고 있다. 이들의 창업을 돕는 컨설턴트들은 아예 가게 오픈 당시부터 키오스크를 필수적으로 도입할 것을 권고하고 있다.

# 2.
## 단골경영_
## 처음 온 손님 단골로 만들기

매출을 올릴 수 있는 가장 쉽고 빠른 방법. 단골고객을 확보하는 것이다. 처음 방문한 손님도 단골고객으로 만들어야 한다. 자주 방문하는 고객의 얼굴을 기억하고 있다가 다음 방문 때 먼저 아는 척을 한다든가 항상 주문하는 메뉴의 이름을 기억하고 먼저 고객에게 권하는 식의 '작지만 세심한 배려'가 고객을 감동시키는 기본적인 방법이다.

"첫 손님을 단골로 만들기 위해 나름의 방법을 연구해야 한다. 요즘 같은 시기엔 충성고객을 얼마만큼 확보하느냐에 따라 사업의 성패가 달라지기도 한다."

한국창업전략연구소 이경희 소장

청담동의 한 일식집은 단골들에게 주는
서비스로 본인의 이름이 각인이 된 젓가
락을 제공한다. 즉 단골손님들에겐 손님
의 이름을 젓가락에 각인을 하여 구분하
고 보관을 해놓는다. 그리고 그 단골손
님이 방문했을 때 보관하고 있던 젓가락
을 사용해 식사를 할 수 있도록 제공하는 것이다.

식당에서 다른 사람들이 사용했던 젓가락을 쓰지 않는 것뿐 아니라 매
장 안에 나만의 젓가락이 보관되어 있다는 점, 내가 방문할 때마다 내 젓
가락을 꺼내준다는 점 등이 단골손님들에게 매력적인 서비스가 된다. 그
리고 그러한 서비스를 알게 된 처음 오는 손님들에게도 이렇게나 서비
스에 신경을 쓰고 손님 한 명 한 명에게 개인 맞춤 대접을 하는 가게라는
인식을 한 번에 심어 줄 수 있다.

상권의 특징을 살려 단골고객 유지하는 전략을 짤 수도 있다. 오피스 상
권에 위치한 종합분식 전문점은 매장을 방문하는 손님의 90%가 직장인
이라는 점에 집중했다. 이 고객들 중 일주일에 2~3번 매장을 방문하는
고객이 60%를 차지할 정도로 단골고객의 비중이 높다. 매출의 약 40%
를 단골고객들이 올려주고 있는 것이다. 매장 인근에는 9개 정도의 경쟁

매장이 붙어 있지만 이 가게만의 남다른 고객 관리가 있다. 고객 서비스 키워드는 새로움이다. 직장인들의 스트레스 요인 중 하나가 '오늘 뭐 먹지?'라는 질문이라는 설문을 보게 된 사장은 매일 바뀌는 반찬으로 손님들에게 새로움을 제공하고 있다. 요일별로 바뀌는 반찬, 특정 날짜에 나오는 반찬을 먹기 위해 일부러 날짜를 맞추고 오는 단골이 있을 정도이다.

같은 메뉴를 매일 먹을 때의 만족도는 5일이 되면 20%로 뚝 떨어진다. 보다 고객들에게 우리 가게가 각인될 수 있도록 매력적인 콘텐츠를 개발해야 한다. 365일 매일 이벤트를 한다는 마음가짐으로 고객을 응대한다면 더욱 좋다. 매번 똑같은 인사말 보다는 상황마다 다르게 하는 노력도 보여주어야 한다.

처음 온 손님이 두 번, 세 번 방문하여 단골이 되면 그 방문을 당연하게 여기기 쉽다. 하지만 단골고객에게 집중하지 않고 무관심하게 대한다면 첫 모습을 기억하고 오는 손님들에게는 사장이 변했다고 느낄 수 있다. 한번 이탈한 고객을 다시 오게 하는데 들어가는 비용은 신규고객 확보비용보다 20배 이상의 마케팅 비용이 더 든다고 한다.

단골고객이 한눈을 팔거나 이탈하지 않도록 고객관리를 철저하게 해야 한다. 초면 고객의 욕구와 단골고객의 욕구를 세심하게 파악하고 분석할 필요가 있다.

 손님의 입장에서 생각하는 것이 어려울 수 있다. 가게 안에서 항상 사장의 입장에서만 바라봐 왔기 때문이다. 그럴 땐 고객에게 직접 설문조사를 받을 수 있다. 예를 들어 매출 전표에 손님이 남긴 음식의 양과 종류를 기록하고, 각 탁자마다 '고객의 소리' 카드를 배치해 음식과 서비스에 대한 피드백을 받을 수 있다. 또한 신용카드에 서명을 할 때 고객이 음식, 서비스, 그리고 분위기에 대한 간단한 설문을 작성하면 나중에 사용할 수 있는 할인 쿠폰을 주는 방식으로 참여를 높이는 것도 방법이다. 고객이 작성한 설문에 고객의 나이나 성별과 같은 간단한 인적 사항을 기록하자.

 설문 데이터를 통해 여러 가지 새로운 사실을 발견할 수 있다. 예를 들어 우선 찌개류를 먹은 고객들이 상당수 음식 맛이 짜다는 응답을 남기면 이는 실제로 찌개류의 음식을 남기는 고객의 비율이 가장 많았던 사실과 일치하는 결과를 보여준다. 또한 '서비스' 설문에서는 고객이 몰리는 점심시간에 서비스를 제때 받기가 힘들다는 불만이 높게 나올 수 있다. 마지막으로 '분위기' 설문에서는 입구 근처에 위치한 주로 여성 고객들이 불만이 높게 나왔다면 마침 겨울이었는데, 외풍이 불어 너무 춥기 때문일 수 있다.

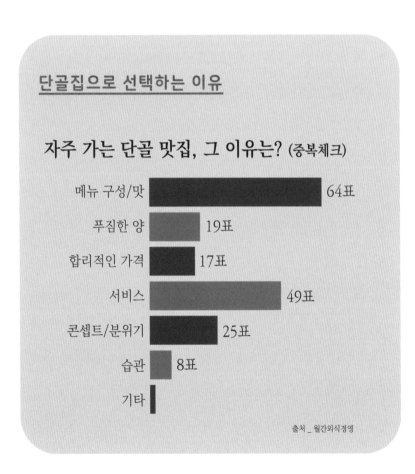

고객 설문을 진행해 보면, 손님들이 실제로 다양한 의견을 준다는 점을 알 수 있고 그중 상당 부분은 자신이 전혀 인지하지 못하던 점일 수 있다. 발견한 여러 사실 중 몇 가지는 당장 개선할 수 있는 것이기에 바로 실천에 옮겨 개선하자. 찌개류에 넣는 조미료의 양을 줄여서 맛을 순화시키고, 이중 문을 설치하여 외풍이 들지 않도록 말이다.

그리고 SNS 광고보다 내 눈앞에 보이는 매장을 직접 방문한 고객이 곧 광고채널이라는 생각을 갖는 것이 중요하다. SNS을 통한 광고는 외부의 잠재고객을 타깃으로 던지는 메아리라면 방문고객은 앞으로 단골고객으로 발전할 수 있는 확률이 더 큰 실질적인 나의 고객이다. 진심 어린 미소로 서비스할 때 그것이 방문고객의 마음을 움직일 수 있다. 방문고객을 통해 관심을 얻을 수 있는 매력적인 콘텐츠가 무엇인지, 구매욕구를 자극할 수 있고 오랫동안 기억될 수 있는 콘텐츠는 무엇인지 항상 고민하고 연구해야 한다.

단골손님이니까 당연히 다음에 또 오겠지라는 오만한 생각은 버려야 한다. 오늘부터라도 방문고객에게 조금이라도 부족함은 없었는지 매일 노트로 기록하고 자기성찰을 하면서 지속적으로 서비스를 개선해 나가야 할 것이다.

# 3.

# 위기 대처 능력_
# 승부는 리스크 관리에서 난다

위기는 예고 없이 찾아온다. 코로나19로 인해 전세계가 멈추고 모든 사람들이 마스크 없이는 밖에 나가지 않는 삶이 찾아올 것이라 누가 예상했겠는가. 요즘 창업 현장이라고 할 수 있는 상권에 나가 보면 570만 기존 창업자의 표정을 살필 수 있다. 긴급재난지원금을 수령한 소비자들의 발길이 이어지고 있는 가게도 있고, 코로나 시대를 버티지 못해 '임대 문의'를 써 붙인 가게도 늘고 있다. 앞으로 폐업 점포도 늘어날 것으로 예측된다. 전국의 70만 음식점 점주를 비롯한 기존 자영업 사장님들에게도 위기는 찾아왔다.

가장 먼저 심각한 불황을 느끼고 있는 상권은 어디일까? 전국에 200개 4년제 종합대학교, 156개 2년제 대학 등 총 356개 대학가 상권이 있다. 사이버 강의로 대체되는 학교가 많아지면서 학기 중 대학생들의 라이프 스타일을 공략하는 전국 대학가 상권 내 자영업 사장님들은 최악의 불황을 맞고 있다.

대학가 상권뿐만이 아니다. 코로나 사태로 인해 단체회식 등 사람이 많이 모이는 행사들이 전면 취소되거나 연기되고 단체 고객, 회식 고객을 대상으로 영업했던 기존의 대형 음식점 사장님들은 결단을 내려야 할 수도 있다. 대형 점포를 분할해 작은 가게 형태의 영업으로 전환하는 방안을 심각하게 고민해야 할 수도 있다.

redflaggroup.com

대조적으로 배달 창업시장, 홈쇼핑, 온라인쇼핑에 몸담고 있는 창업자들에 게선 즐거운 비명도 들린다. 비대면 창업시장, 언택트 창업시장의 활성화가 눈에 띄게 늘어나고 있다. 반면에 피트니스 센터, 각종 예체능 학원 등 교육 서비스, 오프라인 대면 서비스에 의존하는 피부관리실 같은 뷰티 서비스 업체들은 어려움을 호소하고 있다. 대면 서비스에만 의존하는 자영업 사장님들은 비대면 프로젝트를 준비하고, 가동해야 한다. 코로나19뿐 아니라 또 어떤 위험이 전세계를 언제 닥칠지 아무도 모른다. 하지만 위기를 미리 준비하고 있다면 그만큼 당황하지 않고 신속한 대응을 할 수 있고 적어도 그 위험에 대처할 최소한의 시간은 벌 수 있을 것이다. 그렇다면 우리는 어떤 준비를 하고 있어야 하는 것일까?

위기에 대응하는 몇 가지 준비로 나의 위기대처능력을 기르는 연습을 하자.

첫째, 역사의 흐름을 보고 위험을 예상하는 시나리오를 적는 연습을 해보자. 위기라는 것은 조류독감이나 전염병이 발생할 수도 있고, 쓰레기 만두 파동 같은 사건들이 터지기도 한다. 전에 발생했던 위기들을 내가 예상하고 대처하는 시나리오를 두세 가지 생각하여 대비하는 연습을 해보는 것이다. 실제 그 사건이 터져도 우리 가게에 타격이 오지 않는다면 다행인 것이고 만약 위험이 발생한다면 당황하지 않고 내가 연습한 그 시나리오대로 대처할 수 있겠다. 진정한 고수는 위기에 빛을 발하는 법이다.

둘째, '왜'라는 물음을 끊임없이 생각하고 연습하자. 무슨 일이든 예방이 최고다. 남들보다 "왜?" 하며 끝도 없이 스스로 물어보고 답하고 생각하며 공격적으로 질러보는 연습이 필요하다. 사소한 일일 매출 하락이나 반대로 매출이 상승한 날에도 왜? 무슨 이유 때문에 매출에 변동이 생기는 것인지 끊임없이 탐구하는 연습을 하는 것이다. 그렇게 '왜'라는 물음으로 결과가 아니라 원인을 찾는 연습은 후에 결과만 보고도 원인을 예측할 수 있으며 원인이 발생하지 않도록 미리 예방할 수 있다.

코로나19 이후, 570만 기존 자영업 사장님들에게는 포스트 코로나 시대를 이겨낼 수 있는 전반적인 경영전략, 운영전략의 새판짜기가 필요하다. 포스트 코로나 시대에는 신규 창업을 노크하는 방법도 달라야 한다.

우리나라 창업자들의 평균 창업자금은 7500만 원, 대출까지 받으면 1억 원 정도의 종잣돈으로 창업하는 경우가 가장 많다. 포스트 코로나 시대엔 1억 원 창업이 아닌 5000만 원 이하 창업에 주목해야 한다. 생계형 창업시장에서는 대출을 줄이고, 최소 자본을 이용한 실속 창업이 중요하다. 큰 가게 창업보다는 작은 가게 창업이 부각될 것으로 보인다.

그리고 과도한 시설투자보다는 투자를 최소화하는 창업법이 필요하다. 무리한 투자보다는 폐업 시 손해를 최소화할 수 있는 전략을 마련하는 것도 중요하다. 핵심은 개업 시 투입 비용이 적어야 한다는 점이다. 최근 주방·냉장고·집기 등 설비를 다른 이와 함께 쓰는 '공유주방'이 주목받는 이유이다. 한 가게에서 두 명의 자영업자가 시간대별로 영업하는 '공유매장'도 폐업 리스크를 줄일 수 있는 방법이다. 예를 들어 낮에는 한식을, 밤에는 주점을 운영하는 식이다. 월세 부담을 줄이려는 점주와 창업비용을 아끼려는 대여자 모두 윈윈할 수 있다.

또 포스트 코로나 시대엔 '빠른 창업'보다는 '느린 창업'에 주목해야 한다. 핵심 기술을 전수받는 방법이나 단순히 레시피 정도를 전수받는 것은 의미가 없다. 기존 시장에서 오랫동안 살아남은 성공 창업자의 패러다임과 스타일뿐 아니라 생각과 철학까지 제대로 전수받는 창업법이 중요하다.

어려운 시기일수록 변화하는 창업시장에 걸맞은 비즈니스 모델의 핵심 가치가 무엇인지를 따져야 한다. 창업자 스스로 충분한 시간을 투자해 배우고 익힌 다음 제대로 창업하는 전수형 창업이 절실한 시점이다. 창업자가 핵심 기술력을 확보하고 있다면 그 어떤 비바람이 불어도 크게 흔들리지 않을 수 있기 때문이다.

# ep. the last

## 그와 그녀의 이야기

"감사합니다. 또 오세요!"

정훈은 식당을 나서는 손님들의 문을 열어드리며 또 오시라 인사를 건넨다.

인사성 밝고 싹싹한 정훈 덕분에 정훈의 가게와 관련된 온라인 게시물의

해시태그에는 '#친절', '#친절한사장님'이 빠지지 않는다.

그런 효과 덕분인지 손님들도 가게에 들어설 때

사장님부터 찾으며 웃는 얼굴로 가게로 들어선다.

정훈의 친절함이 정훈 가게의 브랜드가 되었다.


얼마 전부터 코로나 행동 강령이 완화되면서 주변 회사들이

정상궤도에 오르고, 정훈의 가게도 그럭저럭 고비를 넘긴 듯하다.

유치원을 보낸 학부모들의 브런치 모임과 점심시간을 보내는 회사원들,

또 늦은 점심을 먹는 학생들까지 시간대별로 특징이 구분되는 손님들이

꾸준히 찾아오고 있다.

지금 매장에는 정훈을 제외한 주방보조 한 명과 홀 서빙 한 명이 있다.

지효의 모습은 보이지 않는다.


• • • • • • • • • • • • • • • • • • •

"사장님."

어느 날 가게를 마감하고 퇴근하려는데 지효가 정훈을 부른다.

"사장님, 드릴 말씀이 있는데요."

정훈은 다른 직원들을 조심히 들어가라 배웅하고는

지효의 맞은편 자리에 앉는다.


"무슨 일인데?"

평소 거침없던 지효와 다르게 오늘은 얘기를 꺼내기 좀 어려워하는 눈치다.

아, 예상이 된다.


"저, 이번 학기 끝나고 다음 학기에는 휴학하려고 해요.

이번 학기에는 거의 온라인 강의였어서, 저는 좀 집중이 되지 않더라구요.

학교 측에서는 정상화 된다고는 하지만,

또 언제 등교 중지가 될지도 모르고 해서 한 학기 쉬어가려고요.

"응. 그렇구나."

지효가 또 한동안 말없이 자기 무릎 위에 올려놓은 제 손을 만지작거린다.


"그래서? 휴학하고 나서는 계획이 있어?"

정훈이 먼저 적막을 깨고 말을 꺼냈다.


"부모님 집에 내려가서 식당일을 도우려고요."

"고향에?"

"네, 얼마 전부터 엄마 허리가 안 좋다고 하시기도 했고,

제가 고등학교 졸업하면서 바로 서울로 올라오는 바람에

집안일도 많이 못 도와드려서 겸사겸사요."

정훈이 말없이 고개를 끄덕거린다.


"그래. 가서 부모님 일 도와드리면 좋지.

지효 너는 일도 잘하고 장사하는 법도 잘 아니깐

부모님께는 천군만마겠다. 잘 생각했네."

"갑자기 말씀드려서 죄송해요. 미리 말씀드려야 됐는데."

지효가 미안한 표정을 짓는다.

"하하, 죄송할 게 뭐있어. 지효야. 네가 너의 계획대로 한다는데."

정훈이 너털웃음을 지으며 등받이에 몸을 기댄다.

"그래서 이번 주까지만 나올 수 있을 것 같아요."


. . . . . . . . . . . . . . . . . . .

임지효, 잘 지내고 있나.

한가해진 시간에 문득 정훈은 지효를 떠올린다.

정훈이 한때 가게 운영이 힘들 때 아르바이트 직원으로 있던 지효는

누가 시키지도 않았는데 마치 자기 가게인양

열심히 자기 생각과 의견을 얘기하면서

가게를 어떻게든 일으켜보려고 애써주었다.

말이라도 얼마나 고마웠는지 모르겠다.

그때는 정말 지푸라기라도 잡고 싶은 심정이었던 터라

알게 모르게 지효에게 많이 의지하고 위로받았던 모양이다.

특유의 거침없는 말투와 행동으로

때로는 어이없었지만 그래도 제법 기운 나는 말들을 해주었는데.

그리고 실제로 어린 나이지만 서당개 삼년이면 풍월을 읊는다고

부모님 장사하시는 걸 자라면서 가까이 봐서 그런지

실제로 도움이 될 만한 팁을 많이 주기도 했다.


참 고마운 게 많은데,

다시 만나게 된다면 이 감사의 마음을 꼭 전하고 싶은 심정이다.


장사를 하다보면 외롭다고 느끼는 때가 종종 있다.

오롯이 이 가게와 이 가게에 소속된 직원들과 그리고 나의 생계까지

모두 책임져야 한다는 게 때로는 버겁고 때로는 소스라치게 무섭고

때로는 부담되기도 한다.

그렇지만 한편으로는

손님들의 '잘 먹었다', '맛있었다' 한마디 칭찬에

때로는 보람되고 감사하고 희망에 차기도 하는 것이다.


장사는 인생과 닮았다.

좋은 날도 있고 흐린 날도 있고,

또 운수 좋은 날도 또 아주 바닥을 치는 날도 있다.

끊임없이 변주하는 흐름에 유연하게 대처하고

대범하게 웃어넘길 수 있는 내공이 쌓여나가길 바라며,

이렇게 좋은 기억을 만들어 준 직원들과의 인연에도 감사하는 마음을 안고,

정훈은 또 열심히 저녁 영업을 준비하러 주방으로 향한다.

# 4.

# 이 시대 6백만 자영업자를 위하여

"A real loser is somebody that's so afraid of not winning. They
don't even try.

진짜 실패자는 질까 봐 두려워서 시도조차 안 하는 사람이야."

영화 '미스 리틀 선샤인'(2006년작)

영화 '미스 리틀 선샤인'에서 미인대회 출전을 하루 앞두고 걱정하는 손
녀 올리브에게 할아버지 에드윈이 전하는 말이다. 자영업의 현실에 대해
쏟아지는 기사와 뉴스 속에서도 자신의 꿈을 위해 또는 각자의 다른 목
표를 위해 창업이라는 도전을 한 당신께 필자가 전하는 말이기도 하다.
여러 고난과 좌절이 존재할 것이 분명하지만 필요한 것은 언제나 믿음뿐

이다. 성공하지 못한 것이 아니라 시도조차 하지 않은 사람이 루저라는 것. 이미 당신은 성공을 향해 한 발 내디뎠고 그 발조차 떼지 못하고 당신만 바라보고 있는 사람들이 많다. 그런 사람들은 뒤에서 자기 자신의 두려움, 부족한 도전정신, 열등감, 부러움에 뒤엉켜 당신이 망하기를 바라고 있을지도 모른다. 하지만 주인공을 괴롭히는 악당의 존재는 영웅일대기 속 필수요소임을 마음속에 새기고 순탄했던 시간들보다 가장 힘들었던 고난의 시간이 결국 나를 성장시키는 일생 최고의 시간들임을 잊지 말길 바란다.

"즐거운 일을 하는 것이

진정한 인생의 승자"

- 마스터 셰프 코리아 김소희 셰프

"끝없이 연구하고

새로운 것을 두려워하지 말자"

- 이연복 셰프

# 위기의 자영업자,
# 두루두루 행복할 수 있는 사회를 위하여

경제활동을 하는 생산인구에 포함되는 사람이라면 누구나, '최저임금은 높이고, 비정규직은 줄이고, 유급휴가는 늘리고, 근로시간은 단축하고'에 열광할 것이다. 근로자의 시각에서 보자면 말이다. 자신이 근로기준법이 적용되는 대상 기업에 소속된 근로자라면 위와 같은 정책은 쌍수를 들고 환영할 일임에 틀림없다.

좋은 얘기다. 모두가 다 잘살아 보자는 선진국형의 근로문화가 된다면 얼마나 좋겠는가. 모두의 이상향이다. 하지만 현재의 대한민국의 상황처럼 경기가 침체되고 재해가 발생하고 전염병이 돌아, 경제, 사회, 문화, 예술 등의 모든 산업분야의 성장이 둔화되어 돈이 벌리지 않고 생산성이 떨어지는 상황에서 현실, 현장의 상황을 무시하고 이상향만 추구한다면 수많은 부작용이 발생할 우려가 있는 것이다. 그리고 그 대부분의 후폭풍은 영세자영업자와 비정규직 근로자들이 고스란히 감내해야 하는 것이 되어버렸다.

'모두 다 정규직화 하겠다, 시급을 1만 원 이상으로 높이겠다.'는 등의 면밀한 고민 없이 뱉는 선심쓰기용 '말'은 누구나 할 수 있다. 하지만 현실은 녹록치 않다. 결과적으로 일자리가 줄어들 수 있다. 실제로 현장에서는 시급 근로자들을 줄이고, 근무시간을 쪼개는 등 각종 편법들이 생겨나고 있다. 방학을 맞이한 학생들과 취업준비생 등 취약계층이 가장 먼저 현장의 된서리를 체감하고 있다고 볼 수 있는 것이다. 저임금 장시간 근로는 분명 개선되어야 하는 문제이지만, 그로 인해 발생하는 생산성 저하는 운영자에게 큰 고심거리가 된다.

매년 최저임금을 둘러싼 논쟁이 반복되고 노사 모두 팽팽하게 대립하여 한치의 물러섬이 없다. 2021년도 최저시급과 관련하여 노동계는 1만 원(16.4% 인상)을, 경영계는 8410원(1.2% 삭감)을 제시했다. 최저임금 인상이 불평등과 양극화 완화의 수단이 될 수는 있지만, 사용자 특히 소상공인들이 감내할 수 없는 수준이라면 이는 실업으로 이어진다.

최저임금을 안정적으로 보장하고, 이를 통해 근로자의 기초적인 생활안정을 도모하며, 궁극적으로는 인간의 존엄성 보장에 기여하는 것은 매우 중요하다. 이러한 측면에서 적정한 수준의 최저임금을 설정하고, 사용자로 하여금 이를 준수하도록 하는 것은 분명 필요하다.

막연한 이상향을 꿈꾸기보다는 현실적으로 우리 사회와 기업과 경제기반을 떠받들고 있는 대다수의 영세자영업자들이 감내할 수 있는 수준이 어느 정도인지 면밀히 따져보고 그에 따라 결정을 하는 것이 필요하겠다.

현재의 대한민국을 들여다보자면, 자영업자에게는 참 팍팍한 게 현실이다. 줄줄이 오르는 세금, 재료비와 인건비, 기타 부대 비용의 부담에 직원 수를 줄이고 온가족이 동원되어 12~15시간씩 일해도 손에 쥐는 돈은 본인 가게의 직원들 월급보다 적다.

거기에 코로나19라는 신종 전염병에 자연재해 등 악재가 겹쳐 모두 끝없이 어두운 터널을 지나고 있는 느낌이다.

물론, 전쟁에서도 돈을 벌고, 전염병 사태에도 자신의 이익을 취하는 집단들은 있기 마련이다. 집합시설들이 직격탄을 맞았다면, 온라인 플랫폼을 기반으로 거래가 이루어지거나 콘텐츠를 생산하는 업종들은 또 아이러니하게도 호황을 맞이하기도 한다.

즉, 대형 아이맥스 영화관은 매출이 곤두박질 쳤지만, 반면 가정용 넷플릭스 등의 유료콘텐츠 업체는 시류에 힘입어 높은 수익을 올리고 있는 것이다.


고용주도 근로자도 다 각자의 사정으로 모두의 상황이 어렵다.

하지만 이 어려움에 침몰되어 버릴 것인가, 아니면 흐름을 타고 파도를 거슬러 극복해 낼 것인가는 개개인의 몫으로 남는 것이다. 『이미 와 있는 미래』라는 도서를 보면, 시대의 흐름을 면밀히 읽어내지 못하는 자는 도태된다고 적혀있다.

분명 우리 주변에는 이 불황과 어려움을 극복하는 사람들이 있다. 근데 그게 내가 되지 말란 법은 없지 않은가!


이 책은 창업이나 사업의 A부터 Z까지의 스텝 바이 스텝식의 매뉴얼북이 아니다. 어디에 가서 어떤 서류를 신고하고, 요식업은 어떻게, 미용업은 어떻게 준비하라는 등의 세세한 설명서가 아니라는 말이다.

다만 우리가 이 책에서 제시하는 이론과 현황과 사례에서 당신이 적합한 힌트를 캐치하여 얻어갈 수 있다면 충분히 만족할 것이다.

# 턴어라운드 Turnaround

**2020년 8월 28일 초판 1쇄 발행**

| | |
|---|---|
| **글** | 마이클 리Michael Lee |
| **옮긴이** | 이다혜 |
| **펴낸이** | 티아고워드Tiago Word |
| **펴낸곳** | 출판문화 예술그룹 젤리판다 |
| **출판등록** | 2017년 3월 14일(제2017-000033호) |
| **주소** | 서울시 영등포구 경인로 775 에이스하이테크시티 1동 803호 |
| **전화** | 070-7434-0320 |
| **팩스** | 02-2678-9127 |
| **블로그** | blog.naver.com/jellypanda |
| **인스타그램** | @publisherjellypanda |
| **책임총괄** | 홍승훈Craig H. Mcklein |
| **기획편집** | 권현주  이다혜 |
| **마케팅** | 우제성  데이비드 윤David Yoon |
| **디자인** | 바람의 언덕 |

**ISBN**   979-11-90510-15-8 (03300)
**정가**   15,500원